Roggen
Vom Unkraut zur Volksnahrung

Thomas Miedaner

 DLG-Verlag, Frankfurt/Main

Die Deutsche Bibliothek - CIP-Einheitsaufnahme

Miedaner, Thomas:
Roggen : vom Unkraut zur Volksnahrung / Thomas Miedaner. -
Frankfurt/Main : DLG-Verl., 1997
ISBN 3-7690-0540-6 brosch.

Die Vervielfältigung und Übertragung einzelner Textabschnitte, Zeichnungen oder Bilder, auch für Zwecke der Unterrichtsgestaltung, gestattet das Urheberrecht nur, wenn sie mit dem Verlag vorher vereinbart wurden. Im Einzelfall muß über die Zahlung einer Gebühr für die Nutzung fremden geistigen Eigentums entschieden werden. Das gilt für die Vervielfältigung durch alle Verfahren einschließlich Speicherung und jede Übertragung auf Papier, Transparente, Filme, Bänder, Platten und andere Medien.

© 1997: DLG-Verlags-GmbH, Eschborner Landstr. 122, 60489 Frankfurt/M.

Umschlaggestaltung: Lieber & Partner, Sinzheim
Satzarbeiten: Fa. Grüßing, Hann. Münden
Gesamtherstellung: Offset-Köhler, Gießen
Printed in Germany: ISBN-3-7690-0540-6

Inhalt

	Einleitung Roggen - Der robuste Naturbursche	5
1.	So begann es ... Herkunft und Verwandte des Kulturroggens	7
2.	Kultivierung eines "Mitläufers" Vom Ungras zur Kulturpflanze	14
3.	Die große Wanderung Einführung des Roggens in Europa	27
4.	Verkannt und Verachtet Der Roggen in der Antike	34
5.	Brot unserer Väter Roggen als Lebensgrundlage des Mittelalters	38
6.	Vom Winde befruchtet Botanische und genetische Besonderheiten	54
7.	Von der Landsorte zur "Hochzucht" Beginn einer planmäßigen Züchtung im 19. Jahrhundert	72
8.	An ihren Früchten sollt ihr sie erkennen... Technik der gezielten Bestäubungslenkung	101
9.	Eine neue Ara ?! Entwicklung von Hybridroggen	116
10.	Roggen mit steigender Tendenz Rückschau	137
	Anhang	
	Zeittafel: Geschichte von Roggenanbau und -züchtung	142
	Entwicklung von Roggen im Jahresablauf	143
	Erläuterung wichtiger Fachbegriffe	144
	Literatur und Quellennachweis der Abbildungen	148

Einleitung

Roggen - Der robuste Naturbursche

Begonnen hat die Karriere des Roggens als Unkraut, das in Vorderasien unerwünschterweise in die Weizen- und Gerstenfelder einwanderte und sich dort breit machte. Und manche Eigenschaften eines Unkrautes hat der Roggen auch heute noch. Ihm können Winterfröste, Krankheiten, Trockenheit und Nährstoffmangel viel weniger anhaben als dem anspruchsvolleren Weizen. Deshalb konnte sich der Roggen mit dem Beginn der Landwirtschaft im rauhen Klima Mittel- und Nordeuropas gegenüber dem Weizen durchsetzen und er wurde zum einzigen Brotgetreide der Slawen, Kelten und Germanen. Die verwöhnten Römer konnten dem Roggen nichts abgewinnen, sie rümpften die Nase über das dunkle, herzhaft schmeckende Roggenmehl. Und so blieb er lange Zeit das Brot der Armen, die Wohlhabenden ließen sich helles Weizengebäck schmecken.

Wer heute beim Spaziergang über die Feldflur geht, wird bemerken, daß im wesentlichen nur noch drei Getreidearten angebaut werden: Weizen, Gerste und Mais. In manchen Gegenden kommt noch Hafer hinzu. Gerste und Mais dienen hauptsächlich der Tierfütterung, während Weizen unser Inbegriff für Brot ist. Doch das war nicht immer so. Noch vor 40 Jahren stand der Roggen an erster Stelle im Getreideanbau, erst mit Abstand folgte der Weizen. Gerste wurde in der Zeit meist nur als Sommerfrucht angebaut und der Mais war noch ein hoffnungslos unterlegener Exot. Diese grundlegende Änderung der Anbaugewohnheiten unserer Bauern hat viel mit Pflanzenzüchtung zu tun. Ihr gelang es nämlich in den letzten Jahrzehnten, Weizen und Gerste in atemberaubendem Tempo immer ertragreicher zu machen und den Mais, der früher nur in den bevorzugten Klimaten Südbadens reif wurde, in großen Teilen Deutschlands heimisch zu machen. Als Silomais wächst er heute sogar im Allgäu, auf der rauhen Schwäbischen Alb und in ganz Norddeutschland. Und der Roggen blieb zunächst auf der Strecke. Es war in der Vergangenheit schwieriger, ihn züchterisch zu verbessern und sein langes Stroh störte bei der Ernte mit dem Mähdrescher. So wurde er langsam, aber sicher auf schlechtere Böden mit hohem Sandanteil abgedrängt, wie etwa in das Rheintal, in die Lüneburger Heide, in "die Sandbüchse Deutschlands", die Mark Brandenburg, und nach Mecklenburg-Vorpommern. Dort kann der Roggen wegen seiner höheren Trockenheitsverträglichkeit und seinem sparsameren Umgang mit den kargen Bodennährstoffen besser gedeihen als der anspruchsvollere Weizen.

Doch heute ist die Tendenz für den Roggen wieder steigend. Durch eine neue Methode der Pflanzenzüchtung, die Hybridzüchtung, kann er im Ertrag auf vielen Standorten wieder mit dem Weizen konkurrieren. Und auch die Bio- und Naturkostszene entdeckte den Roggen neu. Er stellt in der Landwirtschaft weniger Ansprüche, ist also im ökologischen Landbau einfacher zu produzieren, und wurde durch seinen hohen Gehalt an Phosphor, Eisen und Kalium zum wichtigen Bestandteil in der Vollwerternährung.

Von der Karriere des Roggens vom Unkraut zum Brotgetreide handelt das folgende Buch. Dabei geht es nicht nur um geschichtliche und kulturhistorische Fakten, sondern nebenbei lernt der Leser noch die wichtigsten Prinzipien der Vererbung sowie die Entwicklung der Pflanzenzüchtung und ihrer Methoden kennen. Sie begann mit der einfachen Auslese durch den Bauern und wurde in unserem Jahrhundert zum ausgeklügelten Instrument, die Eigenschaften der Pflanzen planmäßig zu verändern. Ohne Pflanzenzüchtung wäre der Roggen noch heute ein lästiges Unkraut.

So begann es - Herkunft und Verwandte des Kulturroggens

Roggen stammt ebenso wie Weizen und Gerste aus Südwest-Asien. Sein Herkunftsgebiet umfaßt die heutigen Staaten Türkei, Libanon, Syrien, Irak, Iran und Afghanistan (Abb. 1). Er war dort eine Pflanze der Lichtungen im ehemals vorhandenen Eichenwald, gedieh aber gleichermaßen in höher gelegenen Steppen und Gebirgen bis in 2000 m Höhe. Noch heute kann man die Vorfahren und verschiedene Verwandte unseres Kulturroggens in diesen Gebieten finden.

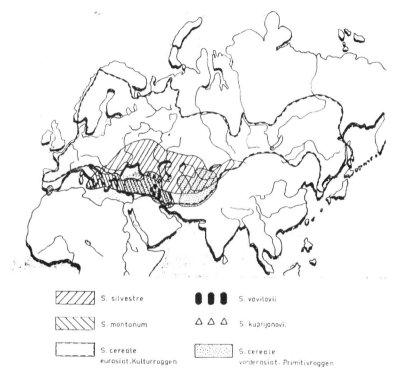

Abb. 1: Die Verbreitungsgebiete der wilden und primitiven Roggenformen zeigen deutlich die Herkunft des Kulturroggens aus Vorderasien.

Die botanische Gliederung der Gattung *Secale* (= Roggen) hat viele Veränderungen erlebt. Während Linne 1734 nur den Kulturroggen, *Secale cereale*, kannte, beschrieb der russische Wissenschaftler Vavilov 1926 auf seinen ausgedehnten Sammelreisen bereits vier Arten. Da die damalige Einteilung nur auf äußerlichen, leicht erkennbaren Merkmalen beruhte, nahm die Zahl der Arten mit den weiteren Exkursionen Vavilovs und seiner Schüler ständig zu. 1947 war die Gattung bei dem russischen Botaniker Roshevitz dann auf 14 Arten angewachsen. Heute neigt man aufgrund neuerer Forschungsergebnisse wieder zu einer stärkeren Vereinfachung und unterscheidet in der Gattung *Secale* vier Arten, die alle bei Kreuzungen fruchtbare Nachkommen ergeben (Tab. 1). Früher häufig als eigene Arten bezeichnete Formen werden heute nur noch als ökogeographische Rassen verstanden.

Tab. 1: Systematik und Verbreitung der Gattung *Secale* L.

Botanischer Namen	Verbreitung	Bemerkungen
Secale montanum ssp. *montanum*	Mittelmeer	
dalmaticum	Jugoslawien	ausdauernde,
anatolicum	Anatolien	selbststerile
ciliatoglume	Anatolien	Bergroggen
kuprijanovii	Iran	
africanum	Südafrika	
Secale cereale ssp. *cereale*	"weltweit"	**Kulturroggen**
segetale	Balkan, Vorderasien	einjährige,
afghanicum	NO-Iran, Afghanistan	selbststerile
dighoricum	Rußland	Primitivroggen
ancestrale	W-Türkei	
Secale vavilovii	NW-Iran, Armenien	einjährige, selbstfertile
Secale silvestre	Europa-Sibirien	Wildroggen

"Bergroggen" (*S. montanum*, auch *S. strictum*) wird als Sammelbezeichnung für alle ausdauernden (= perennierenden) Roggenformen verwendet, die von Marokko über das gesamte Mittelmeergebiet bis zum nördlichen Iran und Irak verbreitet sind.

Die verschiedenen Unterarten des Bergroggens sind nicht unbedingt auf sexuelle Vermehrung durch Samenbildung angewiesen, da sie sich auch durch unterirdische Wurzelausläufer ungeschlechtlich vermehren und ausbreiten können. Wie unsere Rasengräser können die ausdauernden Roggenformen nach Viehfraß oder harten Wintern aus dem Bestockungsknoten wieder austreiben und neues Grün bilden. Dies ist auf extremen Standorten, wie etwa im Hochgebirge, überlebenswichtig. Dort bildet die Pflanze nur wenige, kurze Ähren mit kleinen Körnern (Abb. 2A).

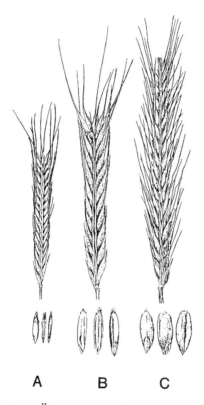

Abb. 2: **Vergleich der Ähren und Korngröße von Roggen unterschiedlichen Kultivierungsgrades: A. perennierender Bergroggen (*Secale montanum*), B. Primitivroggen (*S. cereale* ssp. *ancestrale*), C. Kulturroggen (*S. cereale* spp. *cereale*); Ähren im Größenverhältnis 1:1, Körner 3:1.**

Die ausdauernden (= perennierenden) Berggroggen zeigen die Merkmale einer ursprünglich einheitlichen Art, deren gemeinsames Verbreitungsgebiet zerstört wurde. Die einzelnen Rassen treten heute entweder isoliert in kleinen Arealen (endemisch) oder in größeren Gebieten, dort aber in kleinen Beständen an extremen Gebirgs- oder Trockenstandorten auf. Da sie sich ungeschlechtlich über Wurzelausläufer fortpflanzen können, überleben sie auch in kleinen Gemeinschaften. Als Schutzmechanismus gegen die bei geringer Pflanzenzahl auftretende schädliche Inzucht, verfügen sie über eine besonders hohe Selbststerilität: Verwandte Pflanzen können sich nicht miteinander verpaaren.

Die in der Sammelart S. *montanum* zusammengefaßten Roggenformen sind genetisch zwar nahe verwandt, stellen ökologisch jedoch völlig gegensätzliche Typen dar. Die meisten Vertreter sind an kühl-gemäßigtes, winterkaltes Klima angepaßt und kommen entweder nur in großen Höhen vor, wie die Unterarten *anatolicum, ciliatoglume, africanum*, oder sind auf die niederschlagsreichen Waldränder und -lichtungen nördlich des Kaukasus beschränkt (Unterart *kuprijanovii*). Im Gegensatz dazu haben sich die beiden Unterarten *montanum* und *dalmaticum* an trocken-heiße Standorte angepaßt und sind heute von den Halbwüsten Marokkos, den trockenen Waldlichtungen Südspaniens, Siziliens und des Balkans bis zum südlichen Kaukasus und dem regenarmen Osthang des Zagros-Gebietes zu finden (s. Abb. 1).

Eine Sonderstellung innerhalb des Berggroggens nimmt die Unterart *africanum* ein. Sie wurde seltsamerweise nur in einer isolierten Region des Kapgebietes in Südafrika gefunden. Man muß davon ausgehen, daß diese Roggenform vom primären Genzentrum Kaukasus, Iran und Irak auf dem Landweg durch das gesamte Afrika bis in den Süden des Kontinents gewandert ist oder verschleppt wurde. Wann dies geschah und wie die Wanderung im einzelnen vor sich ging, ist bis heute ein völliges Rätsel geblieben. Das aus dem Norden stammende Wildgras war vor allem in den "Roggeveldbergen" verbreitet, die danach von den Buren ihren Namen erhielten. Hier handelt es sich um Gebiete mit langen, harten Wintern und Temperaturen weit unter der Frostgrenze. Der kleine, nur 50 cm hohe Wildroggen kam dort bis in Höhen von 3000 m vor. Unter diesen Bedingungen, die für einheimische Gräser keine Lebensmöglichkeiten mehr bieten, konnte der afrikanische Berggroggen große Bestände bilden, da er sich alljährlich nach dem harten

Winter aus den unterirdischen Wurzelausläufern erneuerte. Noch vor 200 Jahren war er dort weit verbreitet und wurde als ausdauernde Futterpflanze vor allem für Schafe intensiv genutzt. Durch Überweidung und durch Umbruch der Flächen in geringeren Höhen zur Ackernutzung ist er heute als wildwachsende Pflanze stark gefährdet und findet sich fast nur noch in wissenschaftlichen Sammlungen und botanischen Gärten.

Der "Getreideroggen", wie die wörtliche Übersetzung von *Secale cereale* lautet, umfaßt ausschließlich fremdbefruchtende, einjährige (= annuelle) Roggenformen, die sich durch Samen vermehren. Nur die Unterart *cereale* kann als Kulturroggen angesprochen werden. Alle anderen Formen kommen noch heute in den Hochländern Vorderasiens als stark verbreitetes Ungras in Weizen und Gerste vor. Sie stellen eine Übergangsform vom Wild- zum Kulturroggen dar und werden deshalb als "Primitivroggen" bezeichnet. Diese für Roggen charakteristische Rolle als Ungras in Kulturgetreide werden wir in einem späteren Kapitel detailliert betrachten.
Im Hochplateau von Anatolien treten beide Formen gemeinsam auf: *S. montanum* ssp. *montanum* als weitverbreitetes Wildgras der Trockensteppen und *S. cereale* ssp. *cereale* als Ungras in Weizenäckern. Dort findet häufig eine spontane Kreuzung zwischen beiden Arten statt, die zu fruchtbaren Nachkommen führt.

S. vavilovii wurde erst 1924 von einem russischen Forscher in der Armenischen Republik entdeckt. Er ist ein einjähriges, nur 50 cm hohes Wildgras (Abb. 3), dessen Ähre bei der Reife völlig zerfällt (Spindelbrüchigkeit). *S. vavilovii* ist, wie Weizen, Gerste und Hafer, ein reiner Selbstbefruchter mit äußerst kurzen Staubbeuteln. Er kommt nicht in einem geschlossenen Ver-

Abb. 3: Ähre und einzelnes Ährchen des Wildroggens *Secale vavilovii* **(A). Die Vergrößerung des einzelnen Ährchens (B) verdeutlicht den festen Spelzenschluß, die die Art zum Selbstbefruchter machte (Skaleneinteilung = 1 cm).**

A   B

breitungsgebiet vor, sondern nur fleckenweise in Aserbeidschan, südlich des Kaukasus, und bei Hamadan im Iran. Dort ist er vor allem auf nährstoffarmen Sandböden zu Hause. Er repräsentiert den an ein wärmeres Klima angepaßten Flachlandroggen mit sehr kurzer Vegetationszeit (sommerannuell) und ersetzt ökologisch die Roggenart *S. cereale*, die in heißen Landstrichen kein Auskommen hat.

Der Waldroggen (*S. silvestre*) ist eine einjährige Roggenform, die in Zentraleuropa, in den südlichen Staaten der ehemaligen Sowjetunion, im Kaukasusgebiet und in Mittelasien bis Westsibirien wild wachsend vorkommt.

Über die verwandtschaftlichen Beziehungen der vier Roggenarten und die Entstehung des Kulturroggens sind wir recht gut unterrichtet (Abb. 4). Aus genetischen Analysen und Untersuchungen des Erbgutes (DNS) geht hervor, daß sich der Waldroggen am frühesten von einer gemeinsamen Stammform abspaltete, die große Ähnlichkeit mit den heutigen Bergroggen-Formen gehabt haben muß. Damit bildeten sich mit *S. silvestre* erstmalig einjährige Wildroggen. Diese Entwicklung wiederholte sich vor etwa 10.000 Jahren noch einmal, als sich aus einem gemeinsamen Vorfahren der einjährige Getreideroggen (*S. cereale*) und der perennierende Bergroggen (*S. monta-*

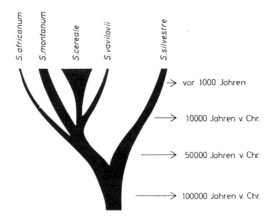

Abb. 4: Verwandtschaftsbeziehungen zwischen den Arten der Gattung *Secale* und zeitliche Abtrennung der einzelnen Arten von den gemeinsamen Vorfahren aufgrund der neuesten Forschungsergebnisse.

num) bildeten. Von letzterem spaltete sich kurz darauf der afrikanische Roggen (*S. africanum*) ab, der heute meist der Art *S. montanum* zugeordnet wird (*S. montanum* ssp. *africanum*, s. Tab. 1). Die Entwicklung des einjährigen, selbstfertilen *S. vavilovii* ist noch nicht befriedigend geklärt. In Abweichung von dem in Abbildung 4 vorgeschlagenen Weg könnte er auch aus *S. silvestre* entstanden sein. Innerhalb der Getreideroggen dürfte die Unterart *ancestrale*, die noch heute in Südrussland existiert, die ursprünglichste Form gewesen sein. Durch die Einführung des planmäßigen Ackerbaus in Vorderasien, von der noch die Rede sein wird, entwickelten sich aus dieser Wildform die heute noch bekannten Primitivtypen mit zunehmend festerer Ähre und größeren Körnern, aus denen schließlich die heute als Kulturroggen angebaute Unterart *cereale* hervorging. Die "wilden" Verwandten blieben bis heute, mit Ausnahme des afrikanischen Bergroggens, in ihrer natürlichen Umgebung erhalten. Sie werden in höheren Lagen häufig zur Schafweide genutzt oder wandern als aufdringliches Ungras in Äcker ein. Auch in der modernen Pflanzenzüchtung spielen sie eine Rolle, weil sie Träger wertvoller Gene sind, die für die Verbesserung des Kulturroggens genutzt werden können. Deshalb stellen die Wild- und Primitivroggen ein erhaltenswertes Genreservoir dar.

Innerhalb der Art *S. cereale* gibt es eine große Formenmannigfaltigkeit, die sich erst entwickelte, als der Mensch mit dem Ackerbau begann. Von diesem interessanten Beispiel der Evolution, das sich direkt vor unserer Haustür abspielte, soll im folgenden Kapitel die Rede sein.

Kultivierung eines "Mitläufers" - Vom Ungras zur Kulturpflanze

Roggen ist eine sekundäre Kulturart. Er entwickelte sich während der Kultivierung von Gerste und Weizen in Vorderasien zunächst zu einem konkurrenzfähigen Ungras. Diese beiden Getreidearten wurden erstmals im 8. Jahrtausend v. Chr. im Bereich des sogenannten "Fruchtbaren Halbmonds" (Abb. 5) planmäßig kultiviert, wie archäologische Ausgrabungen zeigen.

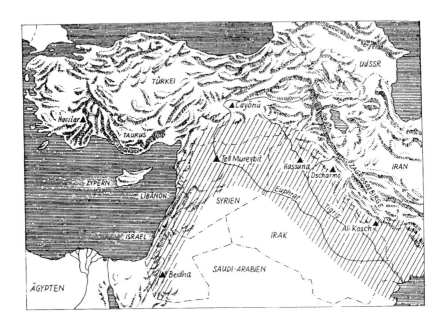

Abb. 5: Der "fruchtbare Halbmond", das weltweit erste Gebiet mit einer Kultur von Ackerbauern und Viehzüchtern (schraffiertes Gebiet). Die angegebenen Ortsnamen (▲) bezeichnen einige bedeutende Grabungsstätten mit den frühesten Funden kultivierten Getreides.

In Vorderasien kommen Roggen, Gerste und verschiedene Weizenformen wild in lockeren Beständen vor und wurden wohl vom Menschen schon lange gesammelt und als Nahrung verarbeitet. Irgendwann gingen die Jäger und

Sammler dazu über, Gerste und Weizen planmäßig anzubauen. Über die Motive dieser "jungsteinzeitlichen Revolution", die das Angesicht der Erde ändern sollte, kann bis heute nur spekuliert werden. Um 6000 v. Chr. bildeten jedenfalls Ackerbau und Viehzucht überall in Anatolien, Palästina und Mesopotamien bereits die Nahrungsgrundlage der Bevölkerung. Die Töpferei hatte sich als eigenständiges Handwerk entwickelt und auf dieser fruchtbaren bäuerlichen Basis entstanden die ersten größeren Siedlungen der Weltgeschichte. Auch einfache Formen der Bewässerung waren damals bereits bekannt. Aus archäologischen Untersuchungen von Bauerndörfern der damaligen Zeit kennen wir genau die Palette der angebauten Pflanzen. Es waren die altertümlichen Weizenarten Einkorn und Emmer sowie die Gerste zur Lieferung stärkereicher Nahrung, Erbsen und Linsen zur Deckung des Eiweißbedarfes, Lein und Mohn als Öllieferanten.

Von Anfang an waren als unerwünschte Begleiter Roggen und Hafer mit von der Partie. Sie haben ähnliche Boden- und Klimaansprüche wie Weizen und Gerste und gediehen auf den gerodeten und gelockerten Feldern der ersten Ackerbauern ebenso gut. Sie wanderten von ihren natürlichen, offenen Standorten, Waldlichtungen und Steppen, in Richtung der kultivierten Felder, fanden zunächst ein gutes Auskommen an den Wegrainen und besiedelten von dort die Äcker. Diese wurden vom Menschen nicht nur regelmäßig bearbeitet und gelockert, sondern er beseitigte auch die lästige Konkurrenz anderer Wildpflanzen. Da Roggen und Hafer in ihrem Jugendstadium nur schwer von Weizen und Gerste unterscheidbar sind, werden sie von der Unkrauthacke eher gefördert worden sein als ausgerauft. Als Preis für dieses bequeme Leben mußten sie sich aber den Anbaubedingungen und dem Rhythmus von Weizen und Gerste anpassen. Dadurch erfuhr der Roggen dieselbe Entwicklung wie diese und veränderte sich allmählich zu einem kultivierten Getreide, das sich durch wichtige Merkmale von den ursprünglichen Wildarten unterscheidet. Von den ersten Ackerbauern war das wohl unbeabsichtigt. Dies schließt man aus archäologischen Ausgrabungen aus dieser Frühzeit des Ackerbaus, wo Roggenkörner bisher immer nur als Beimengung gefunden wurden, nie jedoch als größere Partie. Trotzdem legten die damaligen Bauern, ohne daß sie es wußten, den Grundstein zur Bildung von Kulturroggen.

Die sogenannten Kulturmerkmale sind der wesentliche Unterschied zwischen Wild- und Nutzpflanzen. Dazu muß man wissen, daß die Auslese durch den Menschen in den künstlich angebauten und vermehrten Getreidebeständen häufig in die umgekehrte Richtung verläuft wie bei den natürlichen Pflanzengesellschaften. Dies zeigt der Vergleich zwischen Wild- und Kulturroggen deutlich.

Die Ähren von Wildroggen sind perfekt angepaßte Mechanismen zur Verbreitung der Art und gleichzeitig zum Schutz vor dem Gefressenwerden. Sie zerfallen kurz vor der Reife bereits durch leichte Berührung oder bei Wind in ihre einzelnen Bestandteile, die Ährchen. Man nennt dies Spindelbrüchigkeit. Die Ährchen bestehen aus dem eigentlichen Samen, den ihn umgebenden Spelzen und langen, harten Grannen. Beim Wildroggen bleiben die Ährchen mit Korn, Spelzen und Grannen ganz erhalten, während sie beim Kulturroggen in der Reife zerfallen und die Samen freisetzen (Abb. 6). Die

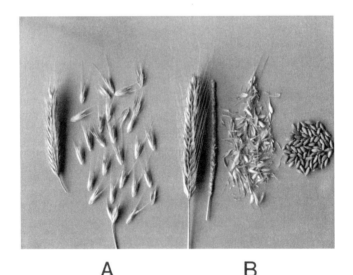

Abb. 6: **Unterschiede zwischen Wild- und Kulturroggen: Ähren und Körner jeweils vor und nach der Ernte. A. Bergroggen** (*Secale montanum*), **B. Kulturroggen** (*S. cereale* var. *cereale*).

Spelzen sind ein Schutz vor mechanischer Verletzung des wertvollen Samens, der die Art schließlich erhalten soll. Sie werden von vielen Tierarten nicht verdaut und deshalb mitsamt dem Korn wieder ausgeschieden. Zusätzlich schützen die Spelzen den Samen vor dem Eindringen von Schadpilzen auf der Ähre oder im Boden. Zudem sorgen die starken Spelzen dafür, daß das Korn nicht beim ersten Sprühregen aufquillt und mit der Keimung beginnt. Da die Spelzen dem Korn vorgelagert sind, dringt das Wasser erst dann bis ins Innere vor, wenn der Boden längerfristig durchfeuchtet ist. Dies ist in den sommertrockenen Gebieten des Vorderen Orients lebensnotwendig. Hier folgt nämlich auf die Vegetationszeit eine Dürreperiode, die mehrere Monate anhält. Besäßen die Roggenkörner nicht den starken Spelzenapparat und eine genetisch bedingte Keimruhe, so würden sie bei den letzten Regengüssen am Ende der Vegetationszeit sofort wieder auskeimen und die Jungpflanzen bei der nachfolgenden Trockenheit verdorren.

Die harten, mit Widerhaken versehenen Grannen dienen einmal der Abwehr von Vögeln. Zum anderen eignen sie sich ideal dazu, am Fell von Tieren hängenzubleiben, was eine Verbreitung über weite Entfernungen ermöglicht. Auch die starke Behaarung der Ährchen verdirbt den Freßfeinden den Appetit. Die einzelnen Ährchen sind beim Wildroggen pfeilförmig (s. Abb. 3B), so daß sie sich beim Auseinanderbrechen der Ähre zusammen mit dem zähen Spindelglied in die weiche Erde einbohren und so praktisch selbst ihre Aussaat vornehmen.

Diese für das Überleben unter natürlichen Bedingungen notwendigen Eigenschaften erweisen sich bei näherem Hinsehen für den planmäßigen Feldanbau und die Verarbeitung des Getreides nach der Ernte als äußerst hinderlich. Die Spindelbrüchigkeit führt dazu, daß nur ein kleiner Teil der produzierten Samen geerntet werden kann. Die starken Grannen mit ihren Widerhaken sind beim Schneiden des Getreides und beim Dreschen mit der Hand sehr unangenehm und stellen eine erhebliche Verletzungsgefahr dar. Der feste Einschluß der Samen in die harten Spelzen erschwert die Gewinnung der Körner.

Ein glücklicher Faktor für die weitere Entwicklung des Kulturroggens bestand darin, daß die Mehrzahl dieser Kulturmerkmale nur durch ein oder zwei Gene vererbt werden. Durch einfache Auslese (Selektion) sind daher sehr rasch Fortschritte in die gewünschte Richtung möglich. In einfachen Ackerbaugesellschaften bezieht der Bauer sein Saatgut einfach aus der Ernte des Vorjahres. Es können dann natürlich nur die Körner wieder ausgesät werden, die auch mitgeerntet wurden, also aus Ähren mit fester Spindel stammten. Die anderen Samen aus spindelbrüchigen Ähren gehen dem Bauern bereits vor der Ernte verloren und können gar nicht erst Bestandteil der nachfolgenden Generation werden. So wurde damals fast automatisch eine scharfe Auslese auf spindelfesten Roggen betrieben. Allerdings lieferte sich der Primitivroggen in dieser Hinsicht nie völlig dem Menschen aus. Viele Formen behielten eine "Teil-Spindelbrüchigkeit" bei. So bleibt bei *S. cereale* ssp. *afghanicum* nur der untere Teil der Ähre fest mit dem Halm verbunden, während der obere Teil der Ähre spontan zerbricht. Damit erhält sich diese Roggenform beide Vermehrungsstrategien.

Diese Veränderungen der Ähre sind nur ein Beispiel für die Entstehung von Kulturmerkmalen. Andere Eigenschaften, die bei der Entwicklung von Kulturroggen eine Rolle spielten, zeigt Tabelle 2. Diese Anpassungserscheinungen entwickelten sich beim Roggen stets "automatisch", d.h. ohne bewußten Eingriff des Menschen allein durch seine Vergesellschaftung mit Kulturgetreide.

Die Keimlingskonkurrenz ergibt sich aus der Aussaat durch den Bauern. In Ackerbaugesellschaften ohne Verwendung von Maschinen fallen die von Hand gesäten Körner häufig sehr dicht nebeneinander und machen sich gegenseitig Konkurrenz. Im Gegensatz dazu wird die Konkurrenz durch andere Wildkräuter, wie sie auf dem natürlichen Standort vorherrscht, durch den Menschen weitgehend ausgeschaltet. Deshalb können Pflanzen, die eine größere Zahl von Seitentrieben besitzen, die vorhandene Fläche besser ausnutzen und schwächere Nachbarpflanzen unterdrücken.

Die Rückbildung der Spindelbrüchigkeit ist ein Faktor, der durch den Selektionsdruck "Ernte" verursacht wurde, wie bereits ausführlich erläutert. Die Ernte sorgte auch dafür, daß Körner bevorzugt wurden, die sich in Größe und Form möglichst wenig von Weizen oder Gerste unterschieden. Dadurch entwickelte der Roggen so große Körner, daß sie sich mit einfachen Methoden nicht mehr von den Kulturgetreidearten trennen ließen.

Tab. 2: Anpassung des Roggens an Kulturbedingungen

Auslese durch "Konkurrenz"

1. Erhöhte Keimfähigkeit und Keimpotenz (Samengröße, Verlust von Keimverzug, bestimmte Inhaltstoffe)
2. Vermehrte Seitentriebbildung ("Bestockung")

Auslese durch "Ernte"

1. Fehlende natürliche Verbreitungsmittel und verschlechterte mechanische Schutzeinrichtungen (Spindelbrüchigkeit, Spelzenschluß, Grannen, Behaarung, Spelzen)
2. Erhöhte Fruchtbarkeit (Ähren-/Korngröße, Anzahl Körner je Ähre)
3. Synchronisierte Blüte und Reife innerhalb eines Pflanzenbestandes

Auslese durch "Ökologische Anpassung"

1. Verminderte Ausdauerfähigkeit
2. Erhöhte Frosthärte, Trockentoleranz
3. Geringerer Einfluss der Lichtverhältnisse (Photoperiode) auf Wachstum und Vermehrung

Ebenso wie sich das Keimen der Samen beim Wildroggen häufig über eine längere Zeit hinzieht, erstreckt sich auch die Blüte der Pflanzen und Abreife der Ähren über einen längeren Zeitabschnitt als wir das heute von unseren modernen Roggensorten gewohnt sind. Dies liegt an der genetischen Struktur von natürlichen Fremdbefruchterbeständen, die stets extrem unterschiedliche Formen enthalten. Von sehr frühreifen bis sehr spätreifen Pflanzen sind auf demselben Standort alle Übergänge vertreten. Dies ist für die Erhaltung der Art unter natürlichen Bedingungen nützlich. Denn so wird die Gefahr, daß einzelne ungünstige Witterungsereignisse die ganze neue Generation vernichten, stark eingeschränkt. Auch steht durch die ausgedehnte Blühphase über einen längeren Zeitraum befruchtungsfähiger Pollen zur Verfügung, eine für Fremdbefruchter entscheidende Voraussetzung zum Samenansatz.

Die Ungleichmäßigkeit der Entwicklungsvorgänge ist bei den Wildroggenformen freilich auf die Spitze getrieben. Da sie alle von dem ausdauernden Bergroggen abstammen (s. Kapitel 1), können sie bei feuchter Witterung ab der Blüte erneut mit der Seitentriebbildung beginnen und eine Vielzahl neuer Ähren entwickeln. Deshalb sieht ein solcher Wildroggenbestand im Vergleich zu unseren einheitlichen heutigen Roggenbeständen während der normalen Erntezeit im August kurios aus: es finden sich alle Übergangsformen von schossenden Trieben über gerade blühende Ähren bis hin zu völlig reifen Ähren und zerfallenen Spindeln. Für den Bauern ist eine solche ungleichmäßige Entwicklung hinderlich. Sie würde ein wiederholtes Abernten der reifen Ähren erfordern und wäre damit viel arbeitsaufwendiger als ein einmaliger Schnitt. Deshalb wurden unter Kulturbedingungen stets solche Pflanzen bevorzugt, bei denen zu einem bestimmen Zeitpunkt ein Hauptteil der Ähren den optimalen Reifegrad erreichte. Durch diese Auslese wurden die Bestände von Jahr zu Jahr stärker synchronisiert, bis alle Pflanzen etwa gleichzeitig reiften.

Und da Weizen und Gerste von den frühen Ackerbauern auf diesen Idealzustand hin getrimmt wurden, mußte der Roggen zwangsläufig folgen. Denn nur die Roggenkörner, die bis zur Weizenernte reif waren, hatten die Chance in den Erntesack des Bauern zu gelangen und bei der Wiederaussaat im nächsten Jahr zu keimen und sich zu vermehren. Eine ähnliche "Gleichschaltung" der Pflanzen eines Bestandes kam auch für andere Eigenschaften zustande. Deshalb sieht ein modernes Roggenfeld wesentlich einheitlicher aus als Wild- oder Primitivroggenbestände (Abb. 7).

Auch die Ausdauerfähigkeit des Wildroggens bildete sich zurück. Da Weizen und Gerste einjährige Pflanzen sind und im Folgejahr vom Bauern in der Regel andere Früchte angebaut werden, hatte die Mehrjährigkeit für den Roggen keinen Vorteil mehr. Mit dem Schritt von der ausdauernden zur einjährigen Form sind in gewissem Maße auch neue Eigenschaften aufgetreten, die für die Erhaltung und Vermehrung unter den nun wesentlich kürzeren Wachstumsbedingungen wichtig sind. Dazu gehört die Fähigkeit zur Selbstbefruchtung (Selbstfertilität) und die Möglichkeit, mehr Blüten und Früchte an einer Ähre zu bilden (Dreiblütigkeit). Abbildung 8 zeigt das Vorkommen wichtiger Eigenschaften bei Roggenpopulationen unterschiedlichen Kultivierungsgrades. Während beim wilden Bergroggen alle Pflanzen spindelbrü-

Abb. 7: Aussehen eines Primitiv- (links) und Kulturroggenbestandes (rechts) zum Zeitpunkt der Ernte. Die Kultivierung führte zu einer größeren Gleichmäßigkeit des Bestandes, einer verringerten Wuchshöhe und einer erhöhten Standfestigkeit.

chig und ausdauernd sind, finden sich diese Eigenschaften beim iranischen Primitivroggen, der bereits eine frühe Stufe der Kultivierung darstellt, nur noch in wesentlich geringeren Häufigkeiten bzw. gar nicht mehr. Dagegen kommen die Eigenschaften "Einjährigkeit", "Selbstbefruchtung" und Dreiblütigkeit neu hinzu. Zusätzlich sind rund 40% der Pflanzen Winterformen, was eine Ausweitung des Verbreitungsgebietes in kältere Gebiete ermöglichte. Beim mitteleuropäischen Kulturroggen, wie er heute auf unseren Feldern steht, setzte sich diese Entwicklung fort. Alle Pflanzen sind Winterformen und einjährig, es gibt keine spindelbrüchigen Formen mehr, ein gewisser Teil der Bestände ist dreiblütig, manche Einzelpflanzen sogar selbstbefruchtend.

Die übrigen Veränderungen, die durch "Ökologische Anpassung" bedingt wurden, ergeben sich durch die Verschleppung der Kulturgetreide und des Roggens durch Fernhandel, Völkerwanderungen und Tauschgeschäfte.

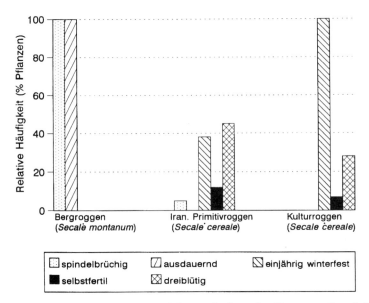

Abb. 8: Veränderung wichtiger Eigenschaften des Roggens durch Kultivierung. Dargestellt ist die Häufigkeit, mit der die einzelnen Formen im wilden Bergroggen (*Secale montanum*), iranischen Primitivroggen (*S. cereale* var. *ancestrale*) und Kulturroggen (*S. cereale* var. *cereale*) vorkommen.

Durch diese unfreiwillige, aber sehr förderliche Verschleppung kam der Roggen in Gebiete, die sich klimatisch stark von seinen Herkunftsländern unterschieden. Durch die Evolution entstanden neue, an die veränderten Umweltbedingungen angepaßte Populationen (s. Kap. 6).

Die Entwicklung vom Wild- zum Ungras und schließlich zum Kulturgetreide läßt sich an den noch heute existierenden Unterarten des Getreideroggens (*S. cereale*) nachvollziehen. Die ursprünglichste Form ist die Unterart *ancestrale*, die erst 1926 von Zhukovsky in Libyen und später am Golf von Smyrna auf sandigen Grenzstreifen in Feigenplantagen und Weinbergen entdeckt wurde. Später fanden sich am Van-See und am Abhang des Ararat große Bestände dieser einjährigen, meist über 1,8 m hohen Form. Die Ähre ist dicht und zerfällt bei der Reife vollständig, die Grannen sind hart und bis zu 10 cm lang. Alle Spindelglieder und der Halm sind stark behaart. Auf der anderen Seite der Entwicklung steht die Unterart *segetale*, die am weitesten in

Richtung Kulturform fortgeschritten ist. Sie ist nur schwach bis gar nicht spindelbrüchig und relativ ertragreich und großkörnig. Deshalb wird *S. cereale* ssp. *segetale* in seinem Verbreitungsgebiet von der Türkei über den Iran und den Kaukasus bis nach Mittelasien noch heute im Erntegut gemeinsam mit dem Weizen verarbeitet.

Die Herausbildung von Kulturformen aus Wildgräsern verlief mehr oder minder bei allen Getreidearten ähnlich. Bei Weizen und Gerste stellt sie eine epochemachende Leistung des ackerbauenden Menschen dar, bei Hafer und Roggen ging sie automatisch vonstatten, da Ungräser und Unkräuter demselben Selektionsdruck unterliegen wie die Kulturarten. Dabei sind die hartnäckigsten Ungräser/Unkräuter jene Pflanzen, die sich am erfolgreichsten an das jeweilige Ackerbausystem anpaßten. Dies trifft auf dieser Kulturstufe gerade auf den Roggen zu.

Die ersten Ackerbauern tolerierten also gewisse Anteile von Roggen in ihren Beständen. Genau genommen blieb ihnen auch gar nichts anderes übrig. Im Jugendstadium lassen sich die Getreidearten nur mühsam anhand kleiner anatomischer Unterschiede auseinanderhalten. Der Roggen hat es sogar geschafft, die einzigen Unterscheidungsmerkmale der Getreidearten in frühen Entwicklungsstadien, die Gestalt der Blattöhrchen, zu verwischen. Es gibt Roggenformen, die genau dieselbe Gestalt der Blattöhrchen besitzen, wie sie eigentlich charakteristisch für Hafer, Weizen oder Gerste sind (Abb. 9). Diese perfekte Täuschung führt dazu, daß es bei Mischungen solcher Getreidearten mit Roggen praktisch unmöglich ist, den Roggen vor dem Herausschieben der Ähre zu erkennen. Erst dann wird anhand der unterschiedlichen Ährenformen der Unterschied leicht sichtbar. Dann hat der "Ungras-Roggen" dem Kulturgetreide aber schon so viel Licht und Nährstoffe entzogen, daß es unwirtschaftlich wäre, ihn nicht mitzuernten, zumal er sich aufgrund seiner Anpassung ähnlich wie Weizen verarbeiten läßt. Diese Situation wird sehr genau im biblischen Gleichnis vom "Unkraut im Weizen" geschildert.

> Das Himmelreich ist gleich einem Menschen, der guten Samen auf seinen Acker säte. Da aber die Leute schliefen, kam sein Feind und säte Unkraut zwischen den Weizen und ging davon. Da nun aber die Saat wuchs und Frucht brachte, da fand sich auch das Unkraut ... Da sprachen die Knechte: Willst du denn, daß wir hingehen und es ausjäten? Er sprach: Nein! auf daß ihr nicht zugleich den Weizen mit ausraufet, wenn ihr das Unkraut ausjätet. Lasset beides miteinander wachsen bis zur Ernte. (Matth. 13,24-30)

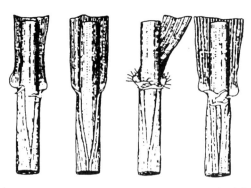

Abb. 9: Natürliche Auslese führte bei einigen Primitivroggenformen dazu, daß sie dieselben Blattöhrchen wie die jeweils anderen Getreidearten entwickelten (von links nach rechts): Roggen mit normalem (= roggentypischem) Blattöhrchen, Roggenformen mit Blattöhrchen wie Hafer, Weizen und Gerste. Damit wird das wichtigste im Jungpflanzenstadium bestehende Unterscheidungskriterium zwischen Roggen und den anderen Getreidearten zunichte gemacht ("Mimikry").

Daß es sich bei diesem "Unkraut im Weizen" um Roggen handelte, läßt sich sehr genau erschließen. Denn in semitischen Sprachen gibt es keinen eigenständigen Begriff für Roggen, sondern nur die Bezeichnung "Unkraut im Weizen" bzw. "Unkraut in der Gerste", auf arabisch "chou-dar" oder "gandam-dar". Luther als erster Bibelübersetzer kannte dieses botanische Detail wohl nicht und übersetzte deshalb wörtlich.

In einfachen Ackerbaugesellschaften dient ein Teil der Ernte des einen Jahres als Saatgut für den Feldbestand des nächsten Jahres. Sät der dortige Bauer die geerntete Roggen-Weizen-Mischung wieder aus, so findet er natürlich den Roggen wieder. Er meint dann, daß der Weizen in Roggen "entarte", ein weit verbreitetes Vorurteil in Vorderasien. Es war nämlich nicht der böse Feind, der im biblischen Gleichnis den Roggen säte, sondern der Bauer selbst, der ihn als Beimischung mit seinem Weizensaatgut ausbrachte. Besonders in schlechten Jahren mit kalten Wintern oder Frühsommertrockenheit kann der Roggen in solchen Mischungen aufgrund seiner höheren Konkurrenzkraft überhand nehmen und den Weizen weitgehend verdrängen.

Aufgrund der unbeabsichtigten, gemeinsamen Entwicklung von "Ungras"-Roggen und kultivierten Getreidearten entstand beim Roggen eine große Vielgestaltigkeit. Es treten im Ursprungsgebiet noch heute die verschiedensten Ährenfarben von gelb über rotgelb bis braun und schwarz auf sowie die unterschiedlichsten Ährenformen von dichten und lockeren, langen und kurzen Ähren mit langen und kurzen Grannen, lockerem und festem Spelzenschluß und verschiedenartigster Behaarung auf. Durch ständige Kreuzungen der Wildroggenformen untereinander (Hybridisierung) und Einkreuzung von Wildroggen in Primitivroggen (Introgression) entstanden die heute bekannten Unterarten des Getreideroggens mit ihrem fließenden Übergang von der Wild- zur Kulturform.

Die Mechanismen dieser Evolution sind mit unserem heutigen Wissen gut verständlich. Durch die Einwanderung der ersten Wildroggen in die kultivierten Äcker entstand eine neue Population. Diese entwickelte sich durch Auslese mehr und mehr in Richtung Kulturgetreide. Gleichzeitig stand sie über Windbestäubung jedoch weiterhin in Kontakt mit den noch unveränderten Wildroggenformen, so daß im Ursprungsgebiet ein ständiger Genfluß herrscht, der zu einer großen Mannigfaltigkeit innerhalb der Art führt. Dies gilt noch heute für das Kaukasus-Elbruz-Gebiet, wo sich die Areale der meisten Roggenformen überschneiden. Hier entstehen ständig neue Mischformen.

Durch Wanderung der Ackerbauern kam der Primitivroggen zusammen mit dem Kulturgetreide in entferntere Gebiete. Hier war keine Durchmischung mit Wildroggen mehr möglich, aber die in unterschiedlichen Regionen entstandenen Primitivroggen kamen durch die Wanderung plötzlich miteinander in Berührung. Es kommt dann bei einem Fremdbestäuber wie Roggen spontan zu Kreuzungen. Die Nachkommen (Hybriden) weisen eine hohere Vitalität auf, insbesondere, wenn die beiden Elterformen nicht miteinander verwandt waren. So ging der Trend allein aufgrund automatischer, d.h. vom Menschen beeinflußter, aber ungewollter Evolution beim Roggen ständig in Richtung Kulturgetreide. Als er dann nach Mitteleuropa verbracht wurde und sich dort gegenüber Weizen und Gerste als eigenständige Nutzpflanze durchsetzen konnte, war er bereits voll kultiviert.

Der fließende Übergang vom Wild- über Primitiv- zum Kulturroggen läßt sich auch mit archäologischen Funden belegen. Dabei wird ein Anwachsen der Korngröße als zunehmender Kultivierungsgrad aufgefaßt. Die ältesten bekannten Roggenfunde stammen aus dem frühen 7. Jahrtausend v. Chr. (Tab. 3). An diesen Orten wurden bereits in den unteren Grabungsschichten Roggenkörner vergesellschaftet mit anderen Wildgetreidearten bzw. kultiviertem Emmer sowie kultivierter sechszeiliger Gerste gefunden. Besonders gut untersucht sind die botanischen Reste von Abu Hureyra, einer Bauernsiedlung am oberen Euphratlauf. Hier fanden sich in den frühesten Schichten besonders kleine Roggenkörner, die denen des dort heimischen Berg-Roggens (*S. montanum* ssp. *montanum*) sehr ähnlich sind. In jüngeren, darüber liegenden Schichten, welche dem frühesten Abschnitt der Jungsteinzeit angehören, waren die Roggenkörner etwas größer, doch immer noch deutlich kleiner als beim heutigen Kulturroggen. Diese "halbgroßen" Roggenkörner von Abu Hureyra haben Ähnlichkeit mit heutigen Formen von "Ungras-Roggen", vor allem mit *S. cereale* ssp. *ancestrale*. Welche Bedeutung dem Roggen in dieser Zeit zukam, kann anhand der Funde nicht zweifelsfrei entschieden werden. Er kann als häufiges Ungras in Getreidebeständen aufgetreten sein, oder bereits erste Anbauversuche erlebt haben. Die frühesten voll domestizierten Roggenkörner, also *S. cereale* ssp. *cereale*, die mit ziemlich großer Wahrscheinlichkeit auf einen Reinanbau schließen lassen, finden sich ab dem 4. bzw. 3. Jahrtausend v. Chr. in der nördlichen und mittleren Türkei.

Tab. 3: Früheste prähistorische Funde von Roggen (nach Körber-Grohne 1987)

Ort	Zeit (v. Chr.)	Landschaft bzw. Staat
Ghoarifé	6900 - 6100	Südsyrien
Can Hasan	ca. 6600	Anatolien (Türkei)
Abu Hureyra	ca. 6600	Oberer Euphrat (Syrien)

Aus den frühesten Funden von kultiviertem Weizen und Gerste läßt sich folgern, daß sich bis zum Ende des 8. Jahrtausends v. Chr. zumindest stellenweise in Mesopotamien und Palästina eine bäuerliche Kultur mit planmäßigem Getreideanbau und Viehzucht ausbildete. In diese Zeit wäre also auch die früheste "Selbst-Kultivierung" des Roggens zu legen. Das heißt mit anderen Worten, daß die Ausbildung der *S. cereale*-Gruppe erst vor rund 10.000 Jahren einsetzte und die gesamte Entwicklung vom kleinkörnigen Wildroggen bis zum großkörnigen Kulturroggen in dieser entwicklungsgeschichtlich sehr kurzen Zeit stattfand.

Die große Wanderung - Einführung des Roggens in Europa

Die im "Fruchtbaren Halbmond" zuerst kultivierten Pflanzenarten wurden, zusammen mit dem Wissen um ihren Anbau und ihre Verwendung, durch wandernde Gruppen in nördlich gelegene Gebiete verbreitet. Der Roggen wanderte dabei stets unfreiwillig als Ungras in Weizen und Gerste mit. Aufgrund seines hohen Nährstoffaneignungsvermögens, seiner Trockentoleranz und Kältefestigkeit konnte er sich auf allen Wanderungswegen behaupten. Beim Vordringen des Getreidebaus nach Norden, in höhere Gebirgslagen mit kälteren Wintern und in Gebiete mit sandigen Böden, dürfte der vom Menschen ungewollte Roggenanteil ständig zugenommen haben, bis schließlich in ungünstigen Jahren der Weizen völlig ausfiel und aufgrund seiner Zähigkeit "nur" ein reiner Roggenbestand übrigblieb. Dies muß den damaligen Ackerbauern der Kaspischen Senke und der südrussischen Steppen wie ein Segen erschienen sein. Schließlich hat der Roggen sogar einen etwas höheren Nährwert als Weizen und läßt sich ähnlich gut zu Brot verbacken. In historischer Zeit gingen dann die dortigen Bauern offensichtlich dazu über, den genügsamen Roggen in Reinkultur anzubauen. Es entstand hier ein sekundäres Zentrum der Formenmannigfaltigkeit. Damit bezeichnet man Gebiete, die nicht als Ursprung einer Kulturart gelten, aber trotzdem einen großen Formenreichtum aufweisen. Dies ist ein untrügliches Zeichen für den frühzeitigen intensiven Anbau dieser Kulturart in den genannten Gebieten. So wurde plötzlich eine geduldete, da nicht ausrottbare, Ungrasart zur Lebensgrundlage eines ganzen Gebietes.

Die wichtigste Ursache dafür war vor allem die natürliche Winterfestigkeit des Roggens. Während Weizen und Gerste in Vorderasien nur in den Steppen vorkommen, wo es keinen Frost gibt, findet sich Roggen dort auch noch in höheren Gebirgslagen, wo harte Winter auftreten. Die dort wachsenden Roggenbestände beinhalten in einem bestimmten Anteil winterfeste Formen. Deshalb waren Weizen bis zum Anfang dieses Jahrhunderts und Gerste sogar bis zum Zweiten Weltkrieg noch Sommergetreide, erst die moderne Züchtung entwickelte winterfeste Formen. Der Roggen konnte jedoch von Anfang an selbst in Nordeuropa bis hinauf nach Finnland über Winter angebaut werden. Hier handelt es sich um eine natürliche Anpassung an die harten Lebensbedingungen der ursprünglichen Heimat. Bereits die iranischen Primitivroggen zeigen ihre optimale Konkurrenzfähigkeit gegenüber den verwandten Getreidearten auf nährstoffarmen Böden und in Gebieten mit kalten Wintern. So nimmt ihr Anteil an der Ungrasflora im Verhältnis zu den angebauten Getreidearten mit steigender Meereshöhe und damit rauher werdendem Klima zu.

Die Karriere des Roggens vom Ungras zum Kulturgetreide aufgrund seiner Zähigkeit und Winterfestigkeit läßt sich heute noch in bestimmten Gegenden der Türkei nachvollziehen. Im Hochplateau von Anatolien mit seinen sehr unwirtlichen Klimabedingungen tolerieren die Bauern seit altersher einen bestimmten Roggenanteil im Weizen. In schlechten Jahren mit sehr kalten Wintern und trockenem Frühjahr überlebt der Roggen, während der Weizen abstirbt. Deshalb nennen die dortigen Bauern den Roggen "Weizen Allahs", im festen Vertrauen darauf, daß Allah auch dann noch für seine Gläubigen sorgt, wenn die Weizenernte ausfällt. Auch am Nordrand des Verbreitungsgebietes von Weizen, in Sibirien, nutzen die Bauern die Konkurrenzkraft des Roggens auf ähnliche Weise. Sie bezeichnen den Roggen sogar als "schwarzen Weizen" und mischen regelmäßig ihr Saatgut aus beiden Getreidearten. So erhalten sie nach harten Wintern eine Roggenernte und nach milden Wintern den hochgeschätzten Weizen. Ohne diese Rückversicherung mit Roggen wäre in diesen Breitengraden wegen des zu hohen Risikos überhaupt kein Weizenanbau möglich.

Die Hypothese von der gesteigerten Konkurrenzkraft des Roggens gegenüber Weizen unter ungünstigen Anbaubedingungen, vor allem in Gebieten mit kalten Wintern und sandigen, nährstoffarmen Böden, wurde durch einen klassischen Versuch von Erwin Baur (1875-1933) am Kaiser-Wilhelm-Institut für Züchtungsforschung in Müncheberg eindrucksvoll bestätigt. Werden Roggen und Weizen zu gleichen Teilen gemischt und dieses Gemisch mehrere Jahre hintereinander ohne Auslese angebaut, dann eliminieren die für Weizenanbau ungünstigen Klima- und Bodenverhältnisse der Mark Brandenburg ohne Zutun des Menschen den Weizen schon nach drei Jahren vollständig. Übrig bleibt der robuste Roggen in Reinkultur. Dieses Beispiel führt zu der Frage, wie der Pflanzenanbau und mit ihm der Roggen überhaupt nach Europa kamen. Bisher war doch immer nur von Vorderasien die Rede, wo der erste planmäßige Ackerbau begann. Eine Beantwortung dieser Frage ist bis heute immer noch nicht endgültig möglich, obwohl die Antwort dank neuer Forschungsergebnisse in greifbare Nähe gerückt ist.

Mitteleuropa war zu der Zeit als in Vorderasien der erste Pflanzenanbau stattfand, von dichten, kaum durchdringbaren Wäldern überzogen, wie es sie heute nur noch in einigen abgelegenen Gebieten des Bayerischen Waldes gibt. Diese waren nur gelegentlich von Windbruchflächen oder künstlich geschaffenen Lichtungen an Bach- und Flußläufen unterbrochen. Hier hatten die halbnomadischen Jäger und Sammler Schilf-, Holz- oder Rindenhütten errichtet. Zum Roden des Waldes und zur Bearbeitung des Holzes besaßen sie Querbeile aus Stein. Zur Jagd dienten Pfeil und Bogen, deren kunstvolle Spitzen aus gebleichten Knochen gefertigt waren. Die Jäger und Sammler lebten von allem, was sie über und unter der Erdoberfläche an Genießbarem vorfanden. Blätter, Früchte, Nüsse, Samen und Schößlinge, Wildgräser, Pilze, Knollen und Wurzeln wurden ebenso verwertet wie Fische, Kleintiere und jagdbares Wild. Für das Anlegen von Wintervorräten waren die einfachen Methoden der Fleischkonservierung, Räuchern und Trocknen, bekannt, auch die Vorratshaltung pflanzlicher Nahrung durch Dörren. Heute wird die damalige Gesellschaft der Jäger und Sammler in Mitteleuropa als ein stabiler Endpunkt in der Entwicklung einer eigenständigen, hochstehenden nomadischen Kultur angesehen.

Es bedurfte demnach eines Anstoßes von außen, um Ackerbau und Viehzucht in Mitteleuropa heimisch zu machen. Dieser Anstoß war die Invasion eines fremden Volkes aus dem Osten. Es wird heute nach der charakteristischen Verzierungsweise seiner Töpfe "Bandkeramiker" genannt. Die archäologischen Funde zeigen das erstmalige Erscheinen von Leuten dieser Kultur um die Mitte des 5. Jahrtausends v. Chr. im mittleren Donaugebiet, Böhmen und Mähren. Sie siedelten entlang der Flußläufe inmitten der fruchtbaren Lößgebiete. Dort begründeten sie dauerhafte Dörfer mit mächtigen Langhäusern, die 5   6 m breit und bis zu 50 m lang waren. Die Bandkeramiker blieben jedoch nicht auf Osteuropa beschränkt. Sie breiteten sich allmählich aus und erreichten im 4./5. Jahrtausend v. Chr. Frankreich im Westen und Ungarn im Süden (Abb. 10). Sie waren über 1000 Jahre hinweg die beherrschende Kultur Mittel- und weiter Teile Osteuropas. Alle ihnen nachfolgenden Kulturen in diesem Gebiet betrieben Ackerbauer und Viehzucht.

Die Bandkeramiker bauten auf ihren Feldern frühe Weizenarten (Einkorn, Emmer), Gerste, Erbsen, Lein und Linsen planmäßig an. Damit ernährten sie sich genau von den Früchten, die auch in Vorderasien der Ausgangspunkt der

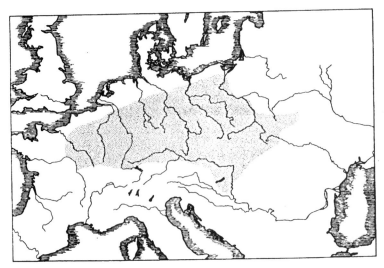

Abb. 10: Verbreitungsgebiet der bandkeramischen Kultur zum Zeitpunkt ihrer größten Ausdehnung

Landwirtschaft waren. Ihre Ackerbaukultur und die angebauten Pflanzen waren bereits voll entwickelt, als sie im Donaubecken das erste Mal in das Blickfeld der europäischen Geschichte traten. Dies läßt sich beispielsweise daran erkennen, daß die erhaltenen Getreidereste aus solchen frühen Siedlungen schon alle Merkmale der Kulturformen aufwiesen und kaum Unkrautsamen enthielten. Entweder befreiten die Bandkeramiker ihre Felder intensiv mit der Hacke vom Unkraut oder sie besaßen effektive Techniken, den Unkrautsamen nach der Ernte wieder zu entfernen. Auch sind die von Archäologen entdeckten Werkzeuge bereits voll ausgereift und optimal einsatzfähig. Es wurden Mahlsteine, Töpfe, Krüge gefunden, ebenso Siebe zum Abrahmen der Milch und Vorratsgefäße mit Saatgut. Daraus schließen die Archäologen, daß die Bandkeramiker ihre Kenntnis von Ackerbau und Viehzucht als komplette Technologie von den vorderasiatischen Bauernvölker übernommen hatten. Deshalb war auch Roggen für die Bandkeramiker noch kein Thema. Sie hatten ihn, in gewohnter Weise, lediglich als Unkrautsamen "versehentlich" mit ihren planmäßig angebauten Getreidearten nach Südosteuropa eingeschleppt. Dies läßt sich aus dem geringen Anteil schließen, mit dem die ältesten in Europa gefundenen Roggenkörner im Erntegut vertreten sind.

Das erste europäische Volk, das Roggen als Ackerfrucht planmäßig nutzte, waren die Slawen. Sie bauten ihn ab der beginnenden Bronzezeit (ca. 1800 v. Chr.) im heutigen Ungarn, Polen, Tschechien und der Slowakei erstmals dauerhaft an. Die Slawen waren wohl in ihren ursprünglichen Siedlungsgebieten zwischen Weichsel und Dnjepr, etwa zwischen dem heutigen Warschau und Kiew (Abb. 11), durch Händler oder wandernde Völker mit dem vorderasiatischen Roggen in Berührung gekommen. Auf ihren Wanderungen Richtung Westen nahmen sie den Roggen als ihr einziges Brotgetreide mit. Als sie um 500 v. Chr. erstmals auf germanische Stämme im Gebiet von Mecklenburg, Pommern und Brandenburg trafen, übernahmen diese die anspruchslose Getreideart und mit ihr den Namen. Denn in den germanischen und slawischen Sprachen gibt es nur einen gemeinsamen Wortstamm für "Roggen". So heißt er angelsächsisch "ryge, rig", woraus das englische "rye" wurde, skandinavisch "rugr", germanisch "roggan-, ruggn-", mittelhochdeutsch "roggo", altslawisch "ruji, roji", illyrisch "raz" und russisch "rosh".

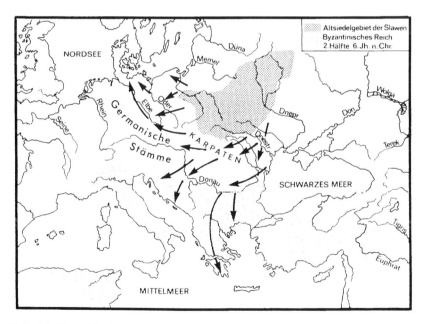

Abb. 11: Das Altsiedelgebiet der Slawen und ihre Ausbreitungsrichtungen im 5. und 6. Jh. n. Chr.

Neue archäologische Funde weisen darauf hin, daß sich der geschilderte Kontakt von germanischen Bauern und slawischen Zuwanderern wohl meist friedlich abspielte und weniger eine Eroberung als vielmehr einen Assimilationsprozeß darstellte. In Louny, nördlich von Prag, wurde eine germanische dörfliche Siedlung freigelegt, die von einer frühslawischen überlagert war. Es konnte gezeigt werden, daß die Keramik beider Völker kurze Zeit nebeneinander auftrat, wobei das eine Haus germanische, das andere slawische Tonware führte. In der darauffolgenden Siedlungsphase wurde nur noch slawische Keramik gefunden, die freilich um germanische Elemente bereichert war. Durch die Analyse von Pflanzenpollen aus der damaligen Zeit, die sich in Mooren bis heute erhalten haben (s. Kap. 5), läßt sich auch der Übergang von der germanischen Weidewirtschaft mit hohen Viehzahlen und nur geringem Getreidebau zu der intensiven Ackerbauwirtschaft der Slawen mit hohem Roggenanteil nachweisen. Dabei findet sich keine Unterbrechung der landwirtschaftlichen Nutzung im fraglichen Zeitraum, so daß mit einem nahtlosen Übergang von der germanischen zur slawischen Wirtschaftsweise gerechnet werden kann.

Bis zum Beginn der Eisenzeit hatte sich der Roggen mit den slawischen Wanderungen überall nach Westen und Norden ausgebreitet (Abb. 12). Der älteste deutsche Fund von Roggen als Hauptgetreide stammt aus einer hallstattzeitlichen Siedlung des Elbe-Saale-Gebietes (Frankleben bei Merseburg, 6. - 5. Jh. v. Chr.). Zur selben Zeit zeigen die einzigen Getreidefunde aus westlichen Gebieten, Heuneburg an der oberen Donau und Tamm nahe Stuttgart, den Roggen noch in seiner typischen Ungrasrolle. Erst mit der nachfolgenden jüngeren Eisenzeit (ca. 400 v. Chr. - Chr. Geb.) sind mehrere Funde mit hohen Roggenanteilen aus dem Neckargebiet, dem Sauerland, Göttingen und der Niederelbe bekannt. Zu dieser Zeit dürfte sich der Roggen im gesamten Ost- und Mitteleuropa bis zum Rhein als wichtige Getreideart durchgesetzt haben.

Zusammenfassend ist festzuhalten, daß sich der Roggen als Ungras gemeinsam mit den Wanderungen der ersten Ackerbauern über Vorderasien und die riesigen südrussischen Steppen bis zum Kaspischen Meer verbreitete. Hier beginnt auch die Geschichte seines planmäßigen Anbaus. Aufgrund seiner Anspruchslosigkeit und größeren Kältetoleranz entwickelte er sich dort als Hauptgetreideart und verdrängte den Weizen, je weiter sich der Ackerbau

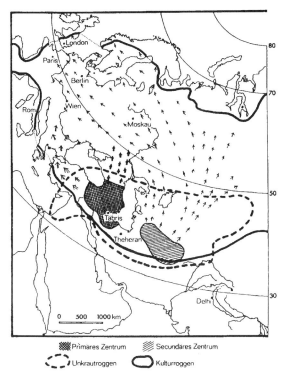

Abb. 12: Ausdehnung des Verbreitungsgebietes von Roggen vom primären Zentrum in Vorderasien nach Eurasien (Kulturroggen)

nach Norden durchsetzte. Slawische Völkergruppen übernahmen den Roggenanbau schon in vorchristlicher Zeit im Südwesten Rußlands. Mit ihren Wanderungen Richtung Westen verbreiteten sie sowohl die Frucht als auch den Namen des neuen Getreides. Es erreichte zu Beginn der Bronzezeit Osteuropa und ab ca. 500 v. Chr. Mitteleuropa, wo es vor allem von Kelten und Germanen genutzt wurde.

Damit hatte es der Roggen erfolgreich geschafft, sich von den Gebirgshängen eines begrenzten Gebietes in Vorderasien über den gesamten Norden des eurasischen Kontinents zu verbreiten (Abb. 12).

Verkannt und Verachtet - Der Roggen in der Antike

Obwohl einige Roggenformen im Mittelmeerraum wild vorkommen und einzelne der dortigen Völker bereits eine Roggenkultur kannten, wurde dieses Getreide in der klassischen Antike kaum angebaut. In ägyptischen Grabmälern fand man zwar Weizen und Gerste, aber keine Spur von Roggen und die semitischen Sprachen kennen überhaupt keinen richtigen Namen für ihn, sondern nur die Beschreibung als "Unkraut im Weizen". Ähnliches gilt für das indische Sanskrit und die davon abgeleiteten Sprachen. Auch im gesamten vorder- und südasiatischen Raum von Afghanistan bis Japan wurde nach unserem heutigen Wissen zur damaligen Zeit kein Roggen angebaut. Das hängt sicherlich damit zusammen, daß in diesen wärmeren Gebieten die zuerst planmäßig kultivierten Getreidearten Weizen, Gerste, und in den Tropen vor allem Reis, einen höheren Ertrag brachten als das bisher kaum beachtete Stiefkind Roggen. Erst unter den klimatisch ungünstigeren Bedingungen in den nördlichen Teilen Europas und Asiens konnte er sich zur eigenständigen Nutzpflanze entwickeln.

So ist es wenig verwunderlich, daß die gebildeten Griechen in ihrer hochklassischen Zeit überhaupt keinen Roggen erwähnten. Und auch der erste römische Schriftsteller, der über Roggen berichtete, stammt aus dem späten Kaiserreich. Es war Plinius (23 - 79 n. Chr.), der in seiner 37bändigen Naturgeschichte das damals bekannte, und größtenteils abgeschriebene, Wissen über Tiere und Pflanzen, Land und Leute zusammentrug. So entstand auch seine Beschreibung des Roggens:

> Der Roggen, den die Tauriner am Fuße der Alpen asia nennen, ist das geringste Getreide, kann nur zur Stillung des Hungers dienen, gibt übrigens viele Körner, hat einen dünnen Halm und liefert ein dunkles, schweres Mehl. Um diesen Geschmack zu verbessern, mischt man ihm Spelt bei; aber dennoch ist er dem Magen in höchstem Grade zuwider. Er wächst in jedem Boden, trägt etwa hundertfältig und schont den Boden.

Trotz dieser unverdienten Schmähung ist die Beschreibung des Plinius sehr aufschlußreich, zeigt sie doch, außer dem Geschmack, vor allem die guten Seiten des Roggens. Die Tauriner waren ein ligurisches Volk, das den Roggenanbau wohl von den oberitalischen Kelten übernommen hatte. Diese wußten wohl seine Anspruchslosigkeit, d.h. seine relativ hohe Ertragsleistung bei schlechten Anbaubedingungen, zu schätzen. Zumindest ist davon im Zitat mehrfach die Rede. Auch eines der Hauptprobleme des Roggenanbaus bis in unser Jahrhundert hinein wird angesprochen, die geringe Standfestigkeit des sehr langen, "dünnen" Halmes (s. Abb. 7). Was den Geschmack und die dunkle Farbe des Mehls angeht, wird dies von dem anspruchsvollen, verwöhnten Römer sicherlich ins Negative übertrieben. Es kann jedoch auch sein, daß Plinius von Roggenpartien hörte, die mit einem hohen Anteil des Mutterkorn-Pilzes verunreinigt waren. Wird aus solcher Mischung Brot gemahlen, so hat dieses tatsächlich eine sehr dunkle, grauschwarze Farbe und riecht erbärmlich (s. Kap. 5).

Der lateinische Name des Roggens, den er heute noch in seiner botanischen Bezeichnung trägt (*Secale*), gibt übrigens einen interessanten Hinweis auf die landwirtschaftliche Nutzung des Roggens im spätantiken Italien. Da in Mittel- und Südeuropa damals keine ausgedehnten Wiesen vorkamen, wurden einjährige Pflanzen zur Gewinnung von Frischfutter und Heu angebaut. Zunächst wurden zur Einsaat die bei der Reinigung des damals angebauten Emmers, einer ursprünglichen Weizenform, ausgeschiedenen Kümmerkörner und Unkrautsamen, vermischt mit Wicken, ausgesät. Weil in diesem Futter Emmer (=far) vorherrschte, nannte man es "farrago". Dieses Wort behielt seine Bedeutung "Futtergetreide" auch dann noch, als längst mehrzeilige Gerste dafür verwendet wurde. Nach Plinius wurde "farrago" im 1. Jh. n. Chr. auch "secale" genannt. Dieses leitet sich von "secare" (= schneiden) ab. Es soll darauf hinweisen, daß das Futter bereits in grünem Zustand geschnitten und keine Kornreife abgewartet wurde. Das Wort "secale" hatte dabei gleichzeitig die unterschwellige Bedeutung von minderwertigem, für den menschlichen Genuß kaum geeignetem Getreide zur Grünmahd und Weide. Diese Bezeichnung wandte Plinius auf das von den Taurinern angebaute, angeblich schlechte, Getreide an und übersetzt deren Namen "asia" in lateinisch "secale". Diese Bezeichnung hielt sich auch in den gelehrten Werken des mittelalterlichen Deutschlands, die alle in Latein verfaßt waren, bis er schließlich Linné zu Ohren kam, der ihn 1734 unverändert in sein botanisches System aufnahm.

Auch der spätgriechische Arzt Galen (131 - 200 n. Chr.), der das zweite uns bekannte antike Zeugnis über den Roggen liefert, kann sich nicht mit ihm anfreunden. Er schreibt in seiner Schrift von den Eigenschaften der Speisen:

Auf vielen Äckern Thrakiens und Makedoniens habe ich eine Getreideart gesehen, die der Granne und dem ganzen Äußeren nach unserer asiatischen tiphe (wahrscheinlich Einkorn) ähnlich war. Ich fragte die Leute nach dem Namen, und sie antworteten, die ganze Pflanze wie auch der Samen heiße briza. Das daraus bereitete Brot riecht unangenehm und ist dunkel.

So wenig Anklang der Roggen bei den Gebildeten jener Zeit fand, so offensichtlich wußten die Bauern seine Vorteile zu schätzen. Denn nach Plinius scheinen die Tauriner den Roggen doch großflächig angebaut zu haben, sonst hätte er ihn sicher nicht in seiner Naturgeschichte erwähnt und auch Galen schreibt von "vielen Äckern Thrakiens und Makedoniens", die Roggen trugen. In einem diokletianischen Erlaß von 301 n. Chr., rund einhundert Jahre nach Galens Tod, wird der Roggen unter den Getreidearten an dritter Stelle gleich hinter Weizen und Gerste genannt. Auch in den römischen Kolonien nördlich der Alpen war der Roggen auf dem Vormarsch. In dieser Zeit (um Chr. Geb.- 3. Jh. n. Chr.) verdoppelt sich die Zahl der archäologischen Funde mit Roggen enthaltendem Getreide. Die Anteile der Roggens blieben jedoch mit einer Ausnahme bei wenigen Prozenten. Der bisher älteste, unvermischte Großfund stammt aus dem römischen Gutshof Lampoldshausen bei Heilbronn. Die Archäologen fanden 40 Kilogramm verkohltes Getreide, das sich später als reiner Roggen erwies. Daneben wurde von den Bewohnern auch Dinkel angebaut und wahrscheinlich zusammen mit diesem als Brotgetreide verwendet. Auch an zwei weiteren Stellen in den Niederlanden (Ede-Veldhuizen, Noordbarge) wurden größere Mengen Roggen gefunden. In Ede-Veldhuizen, auf ehemals römischem Gebiet, gab es außerdem nur etwas Hirse, in Noordbarge in Friesland bestand der Fund zu Dreiviertel aus Roggen, der Rest war Hirse. Auch in Südengland, im römischen Militärlager Isca in Wales (80 - 130 n. Chr.), waren Roggen und Dinkel die wichtigsten Getreidearten.

Die großen Roggenfunde aus der Römerzeit überraschen etwas, da die Römer, laut Plinius, dem Roggen nicht viel Sympathie abgewinnen konnten und ihn als "minderwertiges Getreide" verachteten. Offensichtlich war entweder Plinius nicht gut genug unterrichtet oder die Bauern am Nordrand des Römischen Imperiums wichen zwangsläufig auf Roggen aus, weil die sichere Ernte eines unbeliebten Getreides immer noch besser war als gar keine Ernte. Im Laufe der Völkerwanderungszeit stieg der Anteil an Roggen weiter. So stammten auf Sylt im 3. - 8. Jh. n. Chr. 17% des untersuchten Getreidepollens vom Roggen. In den weiten Sandgebieten der Mark Brandenburg bildete sich um dieselbe Zeit (3. - 4. Jh. n. Chr.) auch das früheste Areal eines dauerhaften, großräumigen Roggenanbaus heraus. Zusammen mit Hirse war Roggen das einzige Getreide, das unter den damaligen Anbaubedingungen auf den dort verbreiteten, trockenen und nährstoffarmen Böden überhaupt noch Ertrag brachte.

Der Roggen war also aufgrund seiner hohen Konkurrenzfähigkeit ab dem 3.-6. Jh. n.Chr. zum typischen Kulturgetreide des mittleren und nördlichen Europas geworden. Obwohl in den ersten Jahrhunderten nach Christus sein Anbau nach Süden bis in die Poebene und nach Griechenland reichte, wurde er dort bald von den verschiedenen Formen des Weizens verdrängt. Im Norden dagegen wurde er aufgrund seiner Winterfestigkeit und Anspruchslosigkeit zur Nahrungsgrundlage weiter Teile der Bevölkerung.

Brot unserer Väter - Roggen als Lebensgrundlage des Mittelalters

Die große Zeit des Roggens begann im frühen Mittelalter. War er zuvor schon von Slawen und Germanen in größerem Umfang angebaut worden, so entwickelte er sich jetzt innerhalb kurzer Zeit zur Hauptgetreideart der bäuerlichen Bevölkerung Nord-, Ost- und Mitteleuropas.

Bereits zu Anfang des Mittelalters war der Roggen das dominierende Getreide Deutschlands. Seine herausragende Bedeutung läßt sich schon daran abschätzen, daß man ihn weithin einfach als "das Korn" bezeichnete. Mit Ausnahme einiger Gegenden Süddeutschlands, wo traditionsgemäß Dinkel angebaut wurde, war er vom Rhein bis nach Sibirien, von den Alpen bis nach Angelsachsen verbreitet. Gerade dort spielte er eine so wichtige Rolle für die Ernährung der Bevölkerung, daß im 7. Jh. n. Chr. bei den Angelsachsen der Monat August einfach "Rugern", d.h. Roggenernte, hieß. Sie hatten den Roggen in ihrem Stammland auf dem europäischen Festland kennengelernt und dann nach England mitgenommen. Auch in dem an die ursprüngliche Heimat der Angelsachsen angrenzenden Dänemark sowie in Südschweden und Norwegen wurde der Roggen schon in den ersten Jahrhunderten n. Chr. häufig angebaut.

Die weite Verbreitung des Roggens läßt sich sowohl durch archäologische Ausgrabungen als auch durch die Pollenanalyse aus Torfmooren belegen. Pflanzlicher Pollen ist normalerweise sehr vergänglich, unter Luftausschluß im Moor eingelagert, kann er jedoch Jahrtausende unverändert überdauern. Die Pollenkörner des Roggens unterscheiden sich durch ihre charakteristische Form vom Pollen anderer Getreidearten und sind schon bei geringer Vergrößerung leicht zu erkennen. Während der Blüte wird der Pollen des Roggens in Unmengen produziert und kilometerweit vom Wind mitgenommen. Man sieht das Ende Mai auch an den Pfützen in Roggenanbaugebieten: Diese sind nach einem Gewitterguß gelb vor Pollen. Untersucht man heute Bohrkerne aus Mooren, so dringt man immer tiefer in die botanische Geschichte vor, je weiter man sich von der Oberfläche entfernt. Da annäherungsweise bekannt ist, wie schnell Moore nach oben wachsen, läßt sich an einer bestimmten Tiefe das Zeitalter ablesen, in dem die Bohrkernschicht als Schlamm abgelagert wurde. Wird nun eine repräsentative Probe mit dem

Mikroskop durchmustert, so kann der relative Anteil des vorkommenden Roggenpollens bestimmt werden. Dies läßt eine relativ genaue Abschätzung zu, wie häufig in der Umgebung des Moores Roggen angebaut wurde und über die Zeit aufgetragen, ergibt sich eine "Pollenkurve" (Abb. 13).

In Ostfriesland beginnen die ersten größeren Pollenfunde von Roggen im 4./5. Jh. n. Chr. Im frühen Mittelalter war hier der Anbau noch gering, wurde dann aber im 10. Jahrhundert so weit intensiviert, daß Roggen auch hier zur Hauptgetreideart wurde. In den weiter östlich gelegenen Gebieten dürfte diese Entwicklung um einige Jahrhunderte früher stattgefunden haben.

Trotz der weiten Verbreitung des Roggens bereits im Frühmittelalter, war damals der Getreideanbau insgesamt nur von geringerer Bedeutung für die

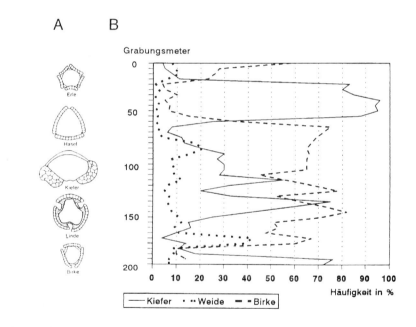

Abb. 13: A. Mikroskopisches Bild der Pollen verschiedener Baumarten. B. Pollenkurve: Bei Grabungsproben aus bestimmten Bodenschichten kann durch Auszählung der charakteristischen Pollen bestimmt werden, wie groß der Anteil der einzelnen Pflanzenarten in der entsprechenden Zeit war. Das Beispiel zeigt dies für ein Waldgebiet.

Ernährung der Bevölkerung. Stattdessen nahm die Viehwirtschaft, vor allem die Schweinezucht, die beherrschende Rolle ein. Dies änderte sich erst im 9./10. Jahrhundert. Durch eine zunehmend ansteigende Bevölkerungszahl (Tab. 4) waren die Menschen gezwungen, neue Wege zur Nahrungsmittelproduktion zu erschließen. Dies geschah zunächst durch Rodung des Eichen-Mischwaldes, der noch immer den größten Teil Mitteleuropas überzog. Diese "Große Rodung" begann Anfang des 10. Jahrhunderts unter den ottonischen Kaisern und setzte sich bis zum Ende des 12. Jahrhunderts fort. Wald, Sümpfe, Heide und Moore wurden damals um 30 bis 50% zurückgedrängt.

Tab. 4: Geschätzte Bevölkerungszahlen in Deutschland (nach Haug & Cramer 1990)

Jahr	Bevölkerung (in Mill.)
100	1
500	1
800	3 - 4
1200	11
1340	14
1470	10

Landwirtschaftliche Produktion und Bevölkerungsentwicklung standen im Mittelalter in einem heute schwer zu durchschauenden Zusammenhang. Eine Steigerung der landwirtschaftlichen Produktion führte ebenso zur wachsenden Bevölkerung wie umgekehrt eine ansteigende Personenzahl die Ausdehnung der Flächen und Intensivierung des Getreideanbaus bedingte.

Die Ausdehnung des ackerfähigen Landes geschah neben der Rodung in den vorhandenen Siedlungsgebieten auch durch Kolonialisierung dünn besiedelter Räume. Prädestiniert dafür waren die Gebiete jenseits der östlichen Grenze des Deutschen Reiches, wo die slawischen Völker ihre Heimat hatten ("Deutsche Ostexpansion"). Dabei wurde - ganz in der mittelalterlichen Tradition - die zwingende wirtschaftliche Notwendigkeit der Flächenausdehnung von einem religiösen Motiv überdeckt, der Christianisierung der Slawen. Im Aufruf zu einem Kreuzzug nach Osten von 1108 steht unverhohlen: "Deshalb könnt ihr, Sachsen, Franken, Lothringer und ihr hochberühmten Söhne Flanderns hier das ewige Heil eurer Seelen gewinnen und zugleich, wenn ihr wollt, das beste Siedlungsland erwerben." Damit waren genau die Völker angesprochen, die in den am dichtesten besiedelten Räumen wohnten. Die Neusiedler stellten fest, daß bereits die inzwischen weiter nach Osten vertriebenen Slawen seit altersher großflächig Roggen anbauten, weil er auf den Sandböden jenseits von Elbe und Saale die einzige konkurrenzfähige Getreideart war.

Doch die Rodung und Neukolonisation alleine genügte bei weitem noch nicht, um eine schnell anwachsende Bevölkerung zu ernähren. Es kamen noch mehrere Neuerungen hinzu, die im Hochmittelalter geradezu eine technische Revolution bedingten. Die wichtigste war die Dreifelderwirtschaft, die bereits Mitte des 8. Jahrhunderts entwickelt wurde, und jetzt ihren Siegeszug antrat. Diese spezielle Bewirtschaftungsform ist charakteristisch für das mittelalterliche Europa und wurde bis weit ins 18. Jahrhundert hinein beibehalten.

Die Dreifelderwirtschaft war ein komplexes System kollektiver Bewirtschaftung, verbunden mit individueller Nutzung. Die Felder einer Dorfgemeinschaft wurden ringförmig um die Ansiedlung zusammengefaßt und in drei etwa gleichgroße Einheiten ("Zelgen") eingeteilt. Ein Drittel der Ackerfläche wurde mit Winterung, also Roggen und in Süddeutschland auch Dinkel, bestellt. Das zweite Drittel war der Sommerung (Hafer, Gerste) vorbehalten, während der Rest als Brache und Viehweide diente.
Die Dreifelderwirtschaft war nur durch den inzwischen weit verbreiteten Roggenanbau möglich geworden. Denn sie setzt das Vorhandensein einer Getreideart mit ausreichender Winterfestigkeit voraus. Die Winter waren in Mitteleuropa damals noch weitaus härter als wir es heute gewohnt sind. Sie entsprachen etwa den Verhältnissen im heutigen Mittelschweden. Der erste Schnee fiel in der Regel im November und es wurde zum Jahresende hin bitterkalt. Bis zum März war dann ganz Mitteleuropa von einer hohen Schneedecke überzogen. Solche Bedingungen konnten damals weder die frühen Weizenarten Einkorn und Emmer noch die Gerste überstehen. Weizen und Gerste erreichten erst durch intensive Züchtungsarbeit im 19./20. Jahrhundert eine ausreichende Winterhärte. So blieb im Mittelalter als Wintergetreideart nur der Roggen, in einigen Gebieten Süddeutschlands auch der Dinkel, übrig. Roggen, der bereits in seiner vorderasiatischen Heimat in Gebirgsgegenden bis zu einer Höhe von über 2000 m wuchs, besaß bereits natürlicherweise eine ausreichende Winterfestigkeit. Zusätzlich fand in den mannigfaltigen Roggenbeständen der damaligen Zeit mit dem Übergang zum Winteranbau automatisch eine natürliche Auslese auf winterfeste Pflanzen statt, so daß wenige Jahre nach der Umstellung bereits ein kältetoleranter

Roggen vorhanden gewesen sein dürfte. Die Einführung des Winterroggenanbaus brachte durch die längere Vegetationszeit und die bessere Ausnutzung der Winterfeuchtigkeit eine Steigerung des Ertrags.

Der Roggenanbau ermöglichte im 10./11. Jahrhundert im nordwestdeutschen Raum auch die Entwicklung einer einzigartigen Bewirtschaftungsweise, des sogenannten Einfeldbaus. Die Bauern machten sich bei dieser frühesten überlieferten Monokultur in Europa die Selbstverträglichkeit des Roggens zu nutze und bauten jahrzehntelang auf demselben Acker ununterbrochen Winterroggen. Dieser "ewige Roggenbau" erhielt sich auf bestimmten Böden im Weser-Ems-Gebiet und in Westfalen, aber auch auf den Sandgebieten Mecklenburgs, noch bis ins 20. Jahrhundert hinein. Da hier der Roggen Anlaß dieser Bewirtschaftungsart war, soll sie noch etwas näher beleuchtet werden.

Für die Dauerkultur wurden die sogenannten "Eschböden" benutzt. Dabei war die Esch ein geschlossener Komplex von langstreifigen Äckern, der zum Schutz gegen Wild und Weidevieh mit Hecken umgeben war. Der erhöhte Eschboden entstand durch die besondere Form einer künstlichen Düngung. Dazu wurden in landwirtschaftlich nicht genutztem Gelände Heide- und Grassoden, die sog. "Plaggen", gestochen, mit Dung und Jauche vermischt und auf die Eschböden gebracht. So bildeten sich im Laufe der Jahrhunderte mächtige, bis über ein Meter hohe Aufbauschichten. Im Grunde war dies ein raffiniertes System des intensiven Getreidebaus, rund 800 Jahre vor der Erfindung der Mineraldüngung. Durch das regelmäßige Auftragen der Plaggen wurden die Böden ständig erneuert, drainiert und gleichzeitig gedüngt. Dadurch konnten mit Roggen auch in extremer Monokultur annehmbare Erträge über Jahrzehnte hinweg erzielt werden. Bei einem geschätzten Ertrag von gerade 5-7 dt/ha und den enormen witterungsbedingten Schwankungen um bis zu 50% war dieser "ewige Roggenbau" ein heute unschätzbarer Fortschritt für die damalige Bevölkerung. In der üblichen Dreifelderwirtschaft konnte schließlich nur in zwei von drei Jahren Getreide geerntet werden, das dritte Jahr diente als Brache zur Regeneration des Bodens und als Weide. Allerdings setzte der Einfeldbau zur Erhaltung der Bodenfruchtbarkeit auf den Äckern den Raubbau an den landwirtschaftlich nicht genutzten Flächen des Waldes und der Moore voraus. Bei der damaligen dünnen Besiedlung Mitteleuropas und den trotz Rodung noch weiträumigen Urlandschaften, fiel das für die Menschen aber kaum ins Gewicht. Die Plaggenwirtschaft ist die erste historisch überlieferte Form einer hochintensiven Landwirtschaft im nördlichen Europa. Ihre Entwicklung wurde ausgelöst durch die Einführung des Winterroggenanbaus.

Auch technisch änderte sich im Laufe des Mittelalters einiges. Der durch den Roggen ermöglichte Winterfeldbau bedingte gleichzeitig die Einführung des eisernen Pfluges.
Der hölzerne Hakenpflug, die älteste Form des Pfluges überhaupt (Abb. 14A), ist für den Winterfeldbau nicht einsetzbar. Er wühlt den Boden nur auf und läßt ihn nach beiden Seiten krümeln, eine wendende Bearbeitung findet nicht statt. Durch die geringe Schubkraft ist sein Einsatz weder auf schweren Lehmböden noch auf nassen Böden, wie sie im Herbst in der Regel vorliegen, möglich. Die Einführung der ersten Beetpflüge (Abb. 14B) erlaubte dagegen auch die Bearbeitung dieser problematischen Böden.

Gleichzeitig wird eine Unkrautbekämpfung durchgeführt und eine bessere Durchlüftung des Bodens erreicht. Dies war gerade damals sehr notwendig. Denn durch die großen Rodungen veränderte sich in Mitteleuropa das Klima: es wurde vor allem wärmer. Dadurch wuchs auf den Äckern aber auch die Anzahl der Unkräuter und Ungräser, die dem Roggen Konkurrenz machten

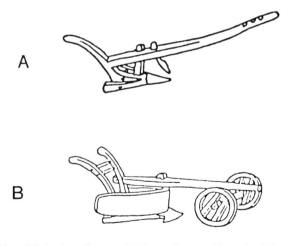

Abb. 14: Vergleich des älteren Hakenpfluges (A, seit 600 v. Chr.) mit dem im Mittelalter in Deutschland neu eingeführten Beetpflug (B, ca. 1000 n. Chr.)

und seine Ertragsleistung schwächten. Sollte der Roggen nicht völlig von diesen auf dem Acker unerwünschten Pflanzen unterdrückt werden, mußte aktiv gegen die lästigen Konkurrenten vorgegangen werden. Dies geschah einmal durch die Brache, die ständig beweidet wurde und den Pflanzen des offenen Ackers keine Überlebensmöglichkeit bot. Zum anderen führte die Wendung des Bodens durch den Pflug dazu, daß die Unkräuter tiefer vergraben wurden und der nur oberflächlich gesäte Roggen einen Wachstumsvorsprung erhielt. Der Beetpflug war bereits seit der Spätantike bekannt und wurde auch im Nordseeküstenbereich schon früh eingesetzt (Ausgrabung Feddersen Wierde bei Bremerhaven). Trotzdem war er bis zum 10. Jahrhundert nur wenig verbreitet. Ab dem 11. Jahrhundert verdrängte er als "Sächsischer Räderpflug" schrittweise den alten Haken.

Der schwere Beetpflug war jedoch bezüglich der Erhöhung der Flächenleistung nur die halbe Erfindung. Die Arbeitszeit für das Pflügen ließ sich erst dann wesentlich verkürzen, als man das Pferd als Zugtier entdeckte. Das Pferd arbeitet schneller und ausdauernder als Kuh und Ochse, setzt jedoch eine komplizierte Anspanntechnik voraus. Aufgrund seines Körperbaus kann es nämlich den Pflug nicht wie das Rind mit dem Hals, dem legendären "Stiernacken", ziehen, sondern benötigt dazu den ganzen Körper, was ein Kummet nötig macht. Dies wurde nach unseren heutigen Kenntnissen im späten 9. Jahrhundert eingeführt.

Winterroggenanbau, Dreifelderwirtschaft, Eisenpflug und Pferdeanspannung revolutionierten im Hochmittelalter die Landwirtschaft auf ähnliche Weise wie erst 800 Jahre später die Erfindung von Dampfmaschine und Motor. Sie ermöglichten es der mittelalterlichen Gesellschaft Europas die Anbauflächen um ein Vielfaches auszudehnen und die Nutzung auf den schon vorhandenen Flächen zu intensivieren. Der Ertrag des Roggens erhöhte sich in derselben Zeit um mehr als das Doppelte. Die zunehmende Bedeutung des Ackerbaus im Allgemeinen und des Winterroggenbaus im Besonderen ermöglichte erst die oben skizzierte Bevölkerungszunahme (s. Tab. 4).

Der damalige Ackerbau war äußerst risikobehaftet. Bei insgesamt nur geringem Ertrag konnten ungünstige Witterung, Überschwemmungen oder Dürren bis zum Totalausfall der Ernten führen. Aus der Unberechenbarkeit der künftigen Erntemenge ergab sich für den mittelalterlichen Bauern ein Gefühl des Ausgeliefertseins an die nicht durchschaubaren Naturgewalten von Erde und Wetter. So blieb gerade auf dem Lande die Verehrung von Vegetationsgottheiten, jetzt unter christlichem Gewande, noch sehr lange erhalten. Die uralte Erinnerung an die früheren, magischen Vorstellungen von den weiblichen Kräften der Erde zeigt sich auch in dem Brauch der "Roggenmutter", auch Kornmuhme genannt. So war es in der Steiermark Brauch, daß die letztgeerntete Garbe von einer alten Bäuerin in Gestalt einer Frau gebunden und "Roggenmutter" genannt wurde. Sie war während des Dreschens ebenso anwesend wie beim Erntefest. Die schönsten Ähren wurden aus dieser Garbe herausgesucht und zu einem Kranz gewunden, der, mit Feldblumen verziert, über den ganzen Winter in der Eingangshalle des Hauses aufgehängt wurde, während die Roggenmutter einen Platz auf dem Holzstoß erhielt. Im Frühling mußte am Vorabend des Ostersonntags ein siebenjähriges Mädchen den Roggen aus den Ähren herausreiben und über die junge Saat verstreuen. Dies sollte zum guten Gedeihen des Feldes beitragen. Neben dem Rückgriff auf vorzeitliche Magie und geheimnisvolle Rituale kann man in diesem Brauch auch eine mythisch überhöhte Form der Auslese und Saatgutüberlagerung sehen. Wenn der Winter so hart wurde, daß das Getreide erfror, hatte man wenigstens noch die Körner der "schönsten" Ähren für eine erneute Aussaat.

Sorten im heutigen Sinne gab es im Mittelalter freilich nicht. Damals stellte noch jeder Bauer sein Saatgut selbst her, indem er einfach einen Teil der Ernte beiseite stellte und im Herbst wieder aussäte. Der Roggen erhielt sich so in sehr mannigfaltigen Beständen (= Populationen) über Jahrhunderte hinweg. Er paßte sich durch natürliche Auslese an die in der jeweiligen Gegend herrschenden Klima- und Bodenverhältnisse an. Diese regional unterschiedlichen Populationen nennt man heute Landsorten. Ihre genetische Formenvielfalt ist gleichzeitig eine Art Lebensversicherung gegen Katastrophen und Unglücksfälle aller Art. Denn die Landsorten bringen auch bei stark wechselnder Saattiefe, Trockenheit, Staunässe, Hagel oder extremer Winterkälte in der Regel noch irgendeinen Ertrag. Das absolute Erntegewicht solcher Landsorten ist, zumal unter den damaligen einfachen Anbaubedingungen, verglichen mit heutigen Zuchtsorten minimal. Vorsichtige Schätzungen geben für das Frühmittelalter einen Roggenertrag von 1,5 - 3 dt/ha an. Aus dem Hochmittelalter sind uns dann erstmals auch Ertragsdaten übermittelt. Aufgrund der ständig wechselnden und landschaftlich sehr verschiedenen Maß- und Gewichtseinheiten sind Angaben über Flächenerträge nur schwer einzuschätzen. Ein zuverlässigeres Maß ist daher das Verhältnis von Saat- zu Erntegetreide. Aus dem Jahr 1156 wird beispielsweise von den Flächen der Abtei Cluny in Burgund berichtet, daß die Erntemenge des Roggens die Aussaatmenge um das Fünffache überstieg. Heute werden mit der Sämaschine rund 90-120 kg je Hektar ausgesät. Geht man davon aus, daß diese Menge im Mittelalter bedingt durch die Aussaat von Hand etwa 150 kg je Hektar betrug, so bedeutet das oben genannte Verhältnis einen Ertrag von rund 750 kg/ha (7,5 dt/ha). Davon gehen wiederum 150 kg ab als Saatgut für die nächste Aussaat. Vom Rest mußten die mittelalterlichen Bauern die Zahlung der Zins-, Steuer- und Zehntlasten bestreiten. Diese betrugen zusammen im Durchschnitt 30-50% des Gesamtertrages, manchmal noch mehr. Zusätzlich lieferte bei der Dreifelderwirtschaft lediglich 75% der Fläche überhaupt Getreide, so daß die Existenzbasis der bäuerlichen Familien hauchdünn war. Ein Absinken des Kornertrages durch ungünstige Witterungsbedingungen, Naturkatastrophen oder Kriegsunruhen auf die Marke von unter 1:3 bedeutete Hungersnot und Elend. Zum Vergleich sei angemerkt, daß heute das Verhältnis von Saat- zu Erntemenge im Durchschnitt 1:40-50 beträgt, bei neuen Sorten und auf guten Böden sind Verhältnisse bis zu 1:80-90 möglich.

Doch in der traditionellen Landwirtschaft sind nicht Höchsterträge die Grundlage der bäuerlichen Existenz, sondern Minimumernten. So lange noch ein bestimmtes unteres Niveau an Kornertrag aufrecht erhalten werden kann, ist das Überleben der Bauernfamilien gesichert. Deshalb sind als Landsorten unter einfachen Anbaubedingungen nicht hochertragreiche, sondern in erster Linie verläßliche Sorten gefragt. Sorten werden heute nur dann an den Landwirt verkauft, wenn sie planmäßig gezüchtet sind. Sie werden also aus Tausenden und Abertausenden von Einzelpflanzen sorgfältig ausgewählt, über Jahre hinweg geprüft und vermehrt und immer wieder ausgewählt. Nur die Besten können diesen Zuchtprozeß bestehen und amtlich anerkannt werden. Erst dann ist der Weg frei für den Verkauf des Saatgutes und die Vermarktung des Erntegutes. Etwas Vergleichbares gab es natürlich in früheren Jahrhunderten nicht. Trotzdem spielten züchterische Prozesse, die teils gewollt, teil unbewußt vonstatten gingen, eine große Rolle bei der Entstehung der Landsorten. Neben der natürlichen Auslese, die eine immer bessere Anpassung an die bestehenden Umweltbedingungen und Anbaumethoden bewirkte, werden die Bauern sicher eine Auslese auf "schöne Ähren" betrieben haben. Ein mythisch überhöhter Brauch mit genau diesem Ziel wurde bereits erwähnt. Und es kann jemandem, der vom Ackerbau lebt und tagtäglich damit umgeht, einfach nicht entgehen, daß es auf seinem Feld bessere und schlechtere Pflanzen gibt und was ist naheliegender als das Bessere auszusuchen und für die nächste Aussaat zu verwenden? So wird etwa in den mittelalterlichen Klosterüberlieferungen großer Wert auf Saatgutwechsel gelegt, was diese Vermutung unterstützt. Überhaupt hatten die Mönche einen großen Einfluß auf die Entwicklung der Landwirtschaft. Sie führten nicht nur das Weinkeltern und Bierbrauen zu einer hohen Kunst, sondern produzierten und verbesserten in den Klosterapotheken und -gärtnereien pflanzliche Heilmittel in großem Stil. Zahlreiche Hinweise lassen, wenn auch in indirekter Form, vermuten, daß hier beim Roggen als wichtigster Getreideart ebenfalls planmäßige Auslese betrieben wurde. So fanden sich beispielsweise in Akten des bayerischen Klosters Benediktbeuren Inventarlisten über einen botanisch-züchterischen Versuchsgarten, in dem offensichtlich systematische Pflanzenversuche unternommen wurden. Diese detaillierten Verzeichnisse wurden bei der Aufhebung des Klosters 1803 angefertigt, fußen aber wohl auf älterer Überlieferung. In dieser Tradition stehen auch die Vererbungsversuche des Brünner Augustinermönches Gregor Mendel, der im 19. Jahrhundert in seinem Kloster in acht Jahren rund 10.000 Einzelversuche durchführte und dabei die Gesetze der Vererbung entdeckte.

Doch zurück zum Mittelalter. Neben der natürlichen und, wahrscheinlich auch, künstlichen Auslese spielten bei der Sortenbildung noch ganz andere Prozesse eine Rolle, die normalerweise nicht in züchterischem Zusammenhang gesehen werden. So war schon von dem hohen Ernterisiko des mittelalterlichen Bauern die Rede. Aufgrund schriftlicher Berichte ist davon auszugehen, daß in einer Region durchschnittlich jedes fünfte bis sechste Jahr ein Totalausfall der Ernte stattfand. Hunger und Not waren stets die Folge und es ließ sich kaum vermeiden, daß die Saatgutreserven der letzten Ernten aus Verzweiflung einfach aufgegessen wurden. In solchen Fällen leistete in der Regel die kirchliche oder adlige Grundherrschaft Saatguthilfe.

Jeder Bauer gehörte im Mittelalter unfreiwillig zu einem solchen "Verband", der das Besitztum eines Landesfürsten, von Kirchen und Klöstern oder kleinen Adligen ausmachte. Die Herrschaft bezog Zinsen und Fronabgaben, bestimmte, was Recht und Gesetz war und hatte die alleinige Verfügung über

Leib und Leben der Bauern und ihrer Familien. Im eigenen Interesse - es bestanden nahezu die gesamten Einnahmen von Adel und Klerus aus solchen Gütern - leisteten die Grundherren in Zeiten der Not Hilfe und lieferten Saatgut aus ihren Speichern. Schließlich bestanden die gesamten Zins- und Steuerabgaben aus Naturalien. Da jede Grundherrschaft Hunderte, ja Tausende von Bauernhöfen umfaßte und das Getreide üblicherweise lose auf den Boden geschüttet wurde, muß in den Speichern eine Saatgutdurchmischung zwischen den Landsorten einer Region stattgefunden haben. Bei großräumigeren Nöten kauften die Grundherren Saatgetreide aus oft weit entfernten Gebieten. Vom Kloster Tegernsee, das zeitweilig Grundherrschaftsgebiete mit bis zu 11.000 Bauernhöfen besaß, ist schriftlich überliefert, daß durchschnittlich in jedem dritten Jahr Saatgut aus dem Rheinland, Niederösterreich und Böhmen zugekauft wurde.

Dieser großräumige Saatgutaustausch führte nicht nur zu einem heilsamen Wechsel, sondern auch zu einer intensiven genetischen Durchmischung wenig verwandter Populationen, was der Fachmann Hybridisierung nennt. Sorten, die aus weit entfernten Gebieten stammen, haben sich durch natürliche Auslese unterschiedlich entwickelt und an die dortigen Bedingungen angepaßt. Werden sie künstlich zusammengebracht, so führt dies beim Fremdbefruchter Roggen automatisch zu Kreuzungen, deren Nachkommen aufgrund der "Blutauffrischung" wesentlich bessere Erträge bringen können. Eine nähere Erläuterung dieses sogenannten Heterosiseffektes wird in einem späteren Kapitel nachgeliefert, wichtig ist hier nur, daß dadurch neue, bessere Populationen entstehen konnten.

So war die Entstehung der Landsorten im Mittelalter dynamischer Natur und der Austausch weit entfernter Bestände durch Saatguthilfe, Handel oder kriegerische Ereignisse ermöglichte einen genetischen Austausch, der einem Zuchteffekt gleichkommt. Diese, sich über lange Zeit herausgebildeten Landsorten waren dann im letzten Jahrhundert die Basis für die Entwicklung moderner Zuchtsorten, auf denen unsere heutige Ernährung beruht.

Die Bauern ernteten im Hochmittelalter durchschnittlich wohl 5-7,5 dt/ha Roggen, Spitzenerträge gingen bis zu einem Saat-/Ernteverhältnis von 1:5. Die gleiche Quelle weist für Weizen in dieser Zeit eine Saat-/Ertragsrelation von 1:3 und für Sommergerste von 1:2,5 aus. Dies zeigt deutlich die Ertragsüberlegenheit des Roggens unter einfachen Anbauverhältnissen und erklärt seine Vorherrschaft in Deutschland über mehr als ein Jahrtausend. Die landschaftlich und klimatisch unterschiedliche Ertragsfähigkeit der Getreidearten führte im 12. Jahrhundert allmählich zur Bildung bevorzugter Anbaugebiete für das eine oder andere Getreide. So dominierte im südwestdeutschen Raum bis ins 19. Jahrhundert hinein der Dinkel, eine besondere Weizenform. Er stellt im Vergleich zu Saatweizen ebenfalls geringere Ansprüche an Klima und Boden. Emmer konnte damals nördlich der Alpen in Gebieten mit strengerem Klima nicht mehr mit ausreichender Sicherheit angebaut werden. Deshalb beschränkte sich sein Verbreitungsgebiet damals auf die klimatisch milderen Ackerbaugebiete Englands und Frankreichs, wo er den seit der Zeit Karls des Großen angebauten Roggen nahezu vollständig verdrängte. Hier wurden bei Weizen bereits im Hochmittelalter beachtliche Erträge erzielt. Auf einigen Ländereien der Abtei St. Denis im klimatisch bevorzugten Seinebecken betrug im 13./14. Jahrhundert das durchschnittliche Verhältnis von Aussaat und Ernte bereits 1:8, auf einem Klostergut im Artois steig es 1335 sogar auf 1:15.

Im weitaus größten Teil Mitteleuropas und im gesamten Nord- und Osteuropa war jedoch der Roggen unangefochten das wichtigste Brotgetreide. Diese Verteilung der Getreidearten läßt sich auch auf ganz Europa ausdehnen und hat als "Brotkarte" noch heute Gültigkeit. Westlich des Rheins und in Großbritannien findet sich ausschließlich Weißbrot, östlich des Rheins in Deutschland die gemischten Brotsorten und östlich der Oder praktisch nur Roggenbrot.

Obwohl wir heute wissen, daß das in den vornehmen Kreisen des Mittelalters so geringgeschätzte Roggenbrot ernährungsphysiologisch wertvoller ist als Weizenbrot und sich zudem länger frischhält, barg es im Mittelalter doch eine erhebliche Gefahr. Der Mutterkornpilz (*Claviceps purpurea*) befällt nämlich von den Getreidearten bevorzugt den Fremdbefruchter Roggen und bildet in der Ähre harte, schwarze Fruchtkörper, die über die Spelzen hinauswachsen (Abb. 15 A) und in bestimmten Anteilen in das Erntegut gelangen (Abb. 15 B). Seinen Namen hat der Pilz von der Wirkung einiger Inhaltsstoffe, die in geringen Dosen wehenauslösend wirken, in höheren Konzentrationen aber auch als Abtreibungsmittel benutzt wurden. Bei chronischem Verzehr von Mutterkorn über das Brot führen diese Inhaltsstoffe jedoch zu lebensbedroh-

Abb. 15: Befall von Roggen mit Mutterkorn-Pilz (*Claviceps purpurea*) A. Mutterkorn auf Roggenähren. Die schwarzen Organe stellen die Überdauerungsform des Pilzes dar. B. Auch nach dem Dreschen und der Saatgutreinigung verbleibt ein Teil des Mutterkorns im Erntegut des Roggens. C. Darstellung einer vom Ergotismus geplagten Kreatur auf dem Isenheimer Alter von Matthias Grünewald (1510 - 1515), Auswirkungen einer chronischen Vergiftung mit Mutterkorn.

lichen Erkrankungen. Die ersten zuverlässigen Mitteilungen über diese ernährungsbedingte Krankheit stammen aus dem frühen Mittelalter und fallen damit zeitlich genau mit der beginnenden Ausbreitung des Roggens zusammen. Die für die damaligen Bauern völlig rätselhafte Krankheit trat meist in regelmäßigen Abständen epidemieartig auf. Bis zum Jahre 1879 sind insgesamt rund 306 derartiger Epidemien berichtet, d.h. durchschittlich jedes dritte Jahr eine. Ursache war in allen Fällen ein naß-kalter Mai oder Juni. Aufgrund der hohen Luftfeuchtigkeit und den damit schlechten Blühbedingungen des Roggens kann sich der Pilz dann weit ausbreiten. Er kann nämlich nur Blütchen erfolgreich infizieren, die nicht länger als 48 Stunden befruchtet sind. Wenn durch Nässe der Roggenpollen verklebt und schlecht fliegt, bleiben natürlich mehr Blütchen unbefruchtet, als bei trockenem, sonnigen Wetter. Deshalb können bei nasser Witterung die Fruchtkörper dieses Pilzes einen beträchtlichen Anteil der Ernte ausmachen. Noch 1881 sind in Hessen und 1884 in Schlesien Massenerkrankungen durch den Genuß mutterkornhaltigen Roggens bekannt geworden.

Schon die ältesten Zeugnisse führen den ganzen Schrecken dieser Krankheit vor Augen. So berichten die "Annales Xantenses" 857 n. Chr. über

> eine große Plage mit Anschwellungen und Blasen unter dem Volke und raffte es durch eine entsetzliche Fäulnis hinweg, so daß Körperglieder sich ablösten und vor dem Tode abfielen.

Im Jahre 943 wurden in der Gegend von Limoges (Frankreich) etwa 40.000 Menschen Opfer dieser verheerenden Seuche:

> Schreiend, jammernd und sich krümmend brachen Menschen auf der Straße zusammen. Manche standen von ihren Tischen auf und rollten sich wie Räder durch das Zimmer; andere fielen um und schäumten in epileptischen Krämpfen; noch andere erbrachen sich und zeigten Zeichen plötzlichen Wahnsinns. Von diesen schrien viele 'Feuer - ich verbrenne'.

Diese Schilderungen beschreiben exakt die beiden Erscheinungsformen dieser Krankheit, die heute Ergotismus heißt (engl. ergot = Mutterkorn). Sie beginnt mit harmlosen Gliederschmerzen, bei weiterem Verzehr von mutterkornhaltigem Getreide bilden sich dann im Verlauf einiger Wochen an den befallenen Gliedern schwarze Verfärbungen, die bis zum Absterben einzelner Körperpartien führen. Im weiteren Verlauf kann der befallene Körperteil ohne Blutverlust abgestoßen werden. Wird aber statt des Blutkreislaufs das Nervensystem getroffen, kommt es zu äußerst schmerzhaften tonischen Muskelkrämpfen, die sich über Stunden erstrecken können. Daneben sind epilepsieartige Anfälle mit Bewußtlosigkeit berichtet. Bei schweren Erkrankungen führen diese zum Tode. Es erscheinen auf dem Körper der Gemarterten rote Furunkeln und Geschwüre. Sehr eindrucksvoll sind diese Symptome bei einer Figur des Isenheimer Altars des Matthias Grünewald dokumentiert (Abb. 15 C). Bezeichnenderweise wird die Krankheit dort unter den Ausgeburten der Hölle aufgeführt, die den hl. Antonius heimsuchen. Das war auch der Schutzheilige, den die tödlich Erkrankten in ihrer Not als letzten Retter anriefen. Im Volksmund war die Krankheit als "Antoniusfeuer" bekannt. Sie blieb über Jahrhunderte hinweg rätselhaft, der ursächliche Zusammenhang zwischen Ergotismus und dem Verzehr von mutterkornhaltigem Roggen blieb auch Ärzten und Wissenschaftlern lange verborgen.

Erste Zusammenhänge zwischen dem Verzehr von pilzbefallenem Getreide und der Krankheit erkannte 1630 der Antwerpener Arzt Tuillier. Trotzdem war schon früher, mehr ahnungsvoll als bewußt, ein Zusammenhang der Krankheit mit dem Roggen hergestellt worden. Denn der Ergotismus galt allgemein als "Arme-Leute-Krankheit", während die klerikale und adlige Oberschicht, die hauptsächlich von Weizenbrot lebte, davon verschont blieb. Es ist durchaus möglich, daß aufgrund solcher Beobachtungen der Roggen sein schlechtes Image als Brotgetreide erhielt. 1623 beschrieb Caspar Bauhin in seiner "Pinax Theatri Botanici" das Mutterkorn als ein "*Secale luxurians*", also ein zu üppig gewachsenes Roggenkorn. Diese völlig falsche Vorstellung führte zu der heute noch in der Pharmazie gültigen Bezeichnung von Mutterkorn als "*Secale cornutum*" (gehörnter Roggen). Bis in die erste Hälfte des 19. Jahrhunderts hielt sich auch unter Fachleuten hartnäckig die Behauptung, das Mutterkorn sei nur ein verändertes Roggenkorn. Noch 1816 schrieb der angesehene französische Pharmazeut und Chemiker Vauquelin ein Gutachten dieses Inhalts für die Académie Française. Eine grundlegende Klärung brachte erst 1852 der französische Pilzforscher E. Tulasne, der den Pilz auch mit seinem jetzigen wissenschaftlichen Namen, *Claviceps purpureum*, belegte.

So hatte der Roggenanbau im Mittelalter ein durchaus zwiespältiges Gesicht. Einerseits war er die Ernährungsgrundlage weiter Teile der Bevölkerung und sicherte vor allem auch den Menschen ein Auskommen, die auf den mageren und trockenen Böden des Norddeutschen Tieflandes bis nach Polen hinein oder in Mittelgebirgslagen leben mußten, wo der Weizen damals nicht gedieh. Andererseits führte die Anfälligkeit des Roggens für den Mutterkornpilz zu epidemieartigen Vergiftungen ganzer Landstriche. Trotzdem blieb der Roggen in Deutschland rund 1200 Jahre lang die wichtigste Brotfrucht, "das Korn" unserer Vorfahren. Bis nach dem Zweiten Weltkrieg war Roggen eine Ernährungsgrundlage der Bevölkerung in Deutschland.

Vom Winde befruchtet -
Botanische und genetische Besonderheiten

Bisher war von der Entstehung und Verbreitung des Roggens die Rede. Die Bauern kümmerten sich nur wenig um die Verbesserung des angebauten Roggens. Sie werden wohl die besten Ähren eines Feldes zur erneuten Aussaat verwendet haben, es kam zu Saatgutmischungen und der Einfuhr auswärtigen Roggens durch die Grundherrschaften, aber der Roggen blieb doch, genetisch gesehen, weitgehend sich selbst überlassen.

Dies sollte sich in der zweiten Hälfte des 19. Jahrhunderts gründlich ändern. Bis dahin hatte Linné alle damals bekannten Pflanzen systematisch eingeordnet, Charles Darwin die Grundlagen für das Verständnis der Evolution entwickelt und Gregor Mendel die ersten Regeln der Vererbung entdeckt. Die Naturwissenschaften erlebten einen enormen Aufschwung und hielten auch Einzug in die technische Entwicklung und die wirtschaftliche Produktion. In dieser Zeit des Aufbruchs und der Euphorie über die Entdeckung der Naturgesetze kamen scharfe Beobachter bald auf die Idee, daß sich auch der Roggen als ihr wichtigstes Brotgetreide verbessern lassen müsse. Verbessern vor allem im Hinblick auf Ertragshöhe und -sicherheit.
Um aber zu verstehen, was dabei vor sich ging und warum die ersten Pioniere gerade beim Roggen zunächst nur bescheidene Erfolge erzielten, müssen wir zuerst vom Blühverhalten des Roggens, seiner Fortpflanzung und einigen grundlegenden genetischen Begriffen sprechen.

Roggen ist als einzige Getreideart der Alten Welt Fremdbefruchter: Der Blütenstaub (Pollen) einer Pflanze kann nicht die Blüten derselben Pflanze befruchten, sondern immer nur bei genetisch verschiedenen Pflanzen zur Kornbildung führen. Der Pollen wird vom Wind von einer Pflanze zur anderen übertragen. Er ist sehr klein, von geringer Masse und doch so robust, daß er über Kilometer hinweg verfrachtet werden kann. Seine Verbreitung wird nur dadurch eingeschränkt, daß er nicht länger als 24 - 48 Stunden lebensfähig bleibt.

Der Bau eines einzelnen Blütchens geht aus Abbildung 16 hervor. Das Ährchen wird von der Vor- und Deckspelze umschlossen und zusammengehalten, die einzelnen Blütchen sind durch eigene Hüllspelzen voneinander getrennt. Dieser Blühapparat ist verantwortlich für die Bestäubung und Befruchtung. Jedes Blütchen besitzt eine zweifiedrige Narbe mit daran anschließender Eizelle (=Fruchtknoten) und drei Staubbeutel (Antheren) zur Pollenproduktion.

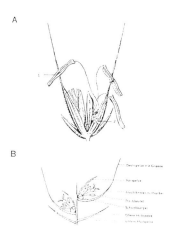

Abb. 16: Anatomischer Bau eines blühenden Roggenährchens. Jedes Ährchen besteht aus zwei Blütchen. A. Natürliches Aussehen (1 = Staubbeutel, 2 = Narbe, B. Schemazeichnung mit Erläuterungen.

Da die Verfrachtung von Pollen mit dem Wind völlig ungerichtet und damit vom Zufall abhängig ist, erreichen die meisten Pollenkörner nie eine weibliche Blüte. Deshalb muß der Roggen eine Unmenge von Pollen produzieren, um sich erfolgreich fortzupflanzen. Dies wird jeder Allergiker Anfang Juni während der Blütezeit des Roggens schon leidvoll festgestellt haben. Ein Staubbeutel enthält 3.000 - 4.000 einzelne Pollenkörner. Jedes Blütchen hat drei Staubbeutel, jedes Ährchen hat zwei Blütchen, jede Ähre 60 - 80 Ährchen und jede Pflanze in einem Bestand ein bis zwei Ähren. Eine einzige Pflanze bildet also bereits 1-3 Millionen Pollenkörner, bei einem ganzen Roggenfeld kommen da astronomische Summen zustande. Die Pollenproduktion ist so groß, daß man sie mit bloßem Auge als gelbe Wolke über einem Roggenbestand sehen kann. Setzt während der Blüte ein starker Gewitterregen ein, dann sind die Pfützen breitumrändert mit Pollen, den der

Regen auskämmte. Dieser "Schwefelregen" legt Zeugnis von der ungeheuren Pollenproduktivität des Windbefruchters Roggen ab.

Doch die Menge alleine genügt nicht. Zum gebildeten und verwehten Pollen gehört auch eine befruchtungsfähige Narbe und beide müssen erst zusammenkommen, um die gewünschte Wirkung zu zeigen. Die Narbe muß eine möglichst große Oberfläche haben, um die vom Wind herbeigetragenen Pollenkörner abfangen zu können. Der Roggen erreicht dies durch eine zweigeteilte Narbe von federartiger Beschaffenheit. Die feinen Härchen wirken dabei wie Filter, die durch ihre klebrige Oberfläche jeden vorbeifliegenden Pollen auskämmen. Stellt sich längere Zeit kein Pollen ein, so können die Narbenfäden erneut anfangen zu wachsen und sich innerhalb weniger Tage um das 5-10fache vergrößern. Um die Wahrscheinlichkeit einer Bestäubung zu erhöhen, sind beim Roggen, ähnlich wie bei vielen anderen Gräsern, die Ähren weit über die Blätter hinausgehoben. Denn Blattoberflächen aller Art fangen Pollen ab und dürfen deshalb nicht im Wege stehen.

Bei den reifen Ährchen beginnt die Blüte in Abhängigkeit von der Morgentemperatur gegen 6 Uhr und setzt sich bis 11 Uhr in den Vormittag hinein fort (Abb. 17). Dabei blühen innerhalb der Ähre zuerst die mittleren, dann die oberen und zum Schluß die unteren Blütchen. Diese festgelegte Abfolge ist eine Sicherheitsmaßnahme, die dafür sorgt, daß sich das Ausstäuben des Pollens innerhalb einer Ähre über 3-4 Tage hinstreckt. In Vorbereitung der Blüte schieben sich die prall mit Pollen gefüllten Staubbeutel langsam nach oben und drücken am Blühtag die Spelzen auseinander. Sie sitzen auf langen, zarten Staubfäden. Die Fäden verlängern sich innerhalb kurzer Zeit und die Beutel kippen um, wobei sie große Mengen von Pollen entlassen. Betrachtet man die Roggenblüte zu diesem Zeitpunkt etwas genauer, so sieht man, daß die Pollensäcke zuerst an der Spitze aufplatzen und den Pollen durch zwei winzig kleine Löcher entlassen. Er fällt jedoch nicht sofort ins Freie, sondern zunächst in ein kleines schaufelförmiges Gebilde, das beim Platzen der Staubbeutel aus den eingebogenen unteren Enden der beiden Staubbeutelhälften entsteht. Dort "wartet" der Pollen auf Wind. Bei der leisesten Erschütterung fällt er herunter und wird fortgetragen. Nun erst kann weiterer Pollen aus den Staubbeuteln nachrieseln. Er wird also zu genau dem richtigen Zeitpunkt in kleinen Portionen abgegeben. Dieser Vorgang ist in höchstem Maße präzise. Auslöser zum Blühen ist die Temperatur gegen 5 Uhr morgens

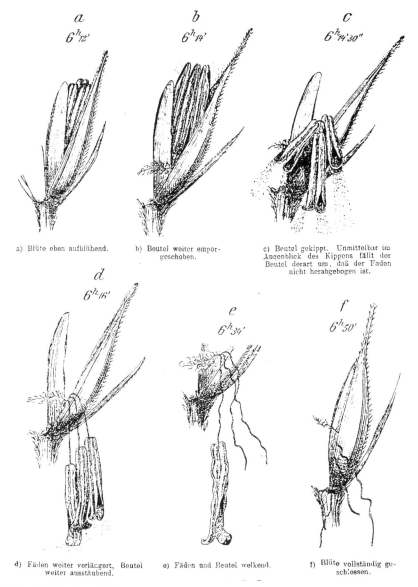

Abb. 17: Verlauf des Blühens eines einzelnen Roggenblütchens. Der Vorgang dauert an einem trockenen, warmen Tag lediglich rund 45 Minuten. Das zweite Blütchen des Ährchens und die Hüllspelze sind der Einfachheit halber weggelassen.

und die Luftfeuchtigkeit. Eine zweite Blüte kann am frühen Nachmittag stattfinden. Bei Dauerregen kommt es an diesem Tag praktisch nicht zur Blüte.

Pollen, Narben und Blühapparat sind optimal auf die Fremdbestäubung durch Wind ausgerichtet. Dies erklärt aber nicht, wie eine Selbstbefruchtung innerhalb eines Blütchens, innerhalb einer Ähre bzw. zwischen den Ähren einer Pflanze - was genetisch gesehen dasselbe ist - verhindert wird (Abb. 18). Denn scheinbar nichts kann doch den Pollen davon abhalten, gleich nach dem Freiwerden auf die darunterliegenden Narben derselben Ähre zu fallen und diese zu befruchten. Doch es gibt bei Roggen ein raffiniertes System, das genau dies verhindert. Es besteht aus zwei Komponenten: Dichogamie und Selbstunverträglichkeit (= Selbstinkompatibilität).

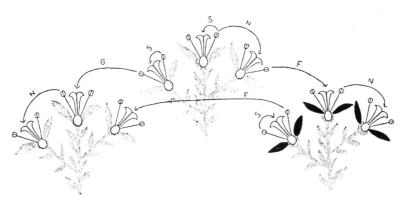

Abb. 18: **Möglichkeiten der Bestäubung (Schema, die beiden linken Blütenstände sitzen auf derselben Ähre): S = Selbstbestäubung (Narbe einer Blüte wird mit ihrem eigenen Pollen oder Pollen der gleichen Pflanze belegt); F = Fremdbestäubung (Narbe einer Blüte wird mit Pollen einer erblich andersartigen Pflanze belegt). Nachbarschaftsbestäubung (N) und Geschwisterbestäubung (G) entsprechen im gezeigten Fall genetisch einer Selbstbestäubung**

Unter Dichogamie versteht man das ungleichzeitige Reifwerden von Staubbeuteln und Narbe. Und tatsächlich sind innerhalb eines Blütchens die Staubbeutel stets einige Tage früher reif als die Narbe. Bis diese dann empfängnisfähig ist und sich bis zum Spelzenausgang geschoben hat, sind die Staubbeutel desselben Blütchens längst leer und der Pollen in alle Winde verstreut. So wird also die naheliegenste Form der Selbstbestäubung effektiv ausgeschaltet.

Gelangt trotzdem Pollen der gleichen Pflanze auf die Narbe, so wird eine Befruchtung durch den Mechanismus der Selbstunverträglichkeit des Roggens verhindert. Er blockiert jeden Pollen, der dieselben Gene mit sich bringt, die schon in der empfangenden Narbe vorhanden sind - ganz gleich, ob es sich dabei um eigenen Pollen oder um Pollen von einer anderen, aber verwandten Pflanze handelt. Dieser Mechanismus geht damit weit über das hinaus, was die Dichogamie leistet. Dabei stellt sich sofort die Frage, wie die Narbe "merkt", daß der Pollen nur die schon vorhandenen Gene mitbringt und nichts Neues zur genetischen Ausstattung beisteuert. Im Prinzip tragen die Pollenkörner eine ererbte Markierung, an der sich gleich von ungleich scheidet. Dafür sind zwei Gene verantwortlich, die "S" und "Z" genannt werden. Tragen sowohl die Narbe als auch der Pollen exakt die gleichen Ausführungen beider Gene, so wird die Weiterentwicklung des Pollens auf der Narbe verhindert, es kommt zu keiner Befruchtung (Abb. 19).

Die Überlebensregel des Roggens lautet also: Förderung der Fremdbestäubung und Verhinderung der Selbstbestäubung. Ersteres wird durch die ungeheure Menge an Pollen, eine stark vergrößerte Narbenoberfläche, das Herausheben der Ähre aus dem Blattwerk und die Dichogamie bewirkt, letzteres durch den effektiven genetischen Mechanismus der Selbstunverträglichkeit.

Auf das Blühen folgt die Bestäubung, also die Belegung der mütterlichen Narbe mit dem Pollenkorn. Wenn beide von genetisch verschieden ausgestatteten Pflanzen stammen, kann beim Fremdbefruchter Roggen eine Befruchtung stattfinden. Sie ist das eigentliche Ziel des ganzen Vorganges, vergleichbar mit der körperlichen Vereinigung bei Mensch oder Tier. Dabei ist beim Roggen der eigentlich aktive Partner zunächst das Pollenkorn. Ist es dank des Windes verfrachtet und von den klebrigen Narbenfäden eingefangen worden, so treibt es einen kleinen, glasklaren Höcker aus. Dieser durchdringt die Narbenoberfläche, wächst durch das Griffelgewebe hindurch und wird dabei zum Pollenschlauch (Abb. 19). Er schlägt, durch chemische Reize gesteuert, direkt den Weg zur Eizelle ein. Hindernisse, die sich ihm entgegenstellen, wie etwa Verhärtungen im Griffelgewebe, werden durch Krümmungen umwachsen. Ähnlich wie eine Wurzel das Erdreich durchwächst und lockert, dringt der druckgespannte Pollenschlauch bis zur Eizelle vor. Die "Wanderstrecke" des Roggenpollens beträgt aufgrund der Kleinheit der Blüte nur einige Millimeter. Durch den Pollenschlauch gelangt der väterliche Zellkern in die Eizelle, das mütterliche Pendant. Bevor er sie erreicht, teilt er sich in zwei identische Kerne. Einer davon dringt in die Eizelle ein und führt zu ihrer Befruchtung, der andere vereinigt sich mit dem Gewebe der Samen-

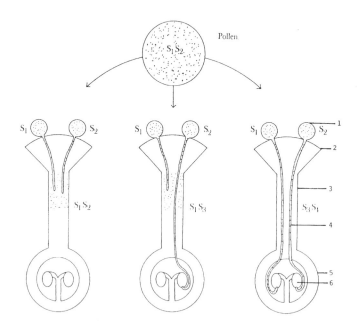

Abb. 19: Selbstunverträglichkeit bei Roggen (vereinfachtes Schema). Die Erkennungmoleküle im Pollen (1) und Narbengewebe (3) sind durch Punkte symbolisiert. Sie verhindern das Einwachsen genetisch gleichen Pollens in die Eizellen (6). Die Allelausstattung ist mit S_1 - S_4 gekennzeichnet. Pollen, die dasselbe Allel wie die Narbe besitzen, sind nicht befruchtungsfähig. Die rechte Zeichnung verdeutlicht gleichzeitig die Befruchtung: Narbe (2), Pollenschlauch (4), Fruchtknoten (5).

anlage, das für die Ernährung des Embryos zuständig ist ("Doppelte Befruchtung").

Spätestens hier muß der Frage nachgegangen werden, wie sich denn der ganze Aufwand auszahlt. Welche Vorteile bietet die Sexualität und insbesondere die Fremdbefruchtung, um derentwillen sich die Natur eine solche Vielzahl von speziellen Einrichtungen leistet?

Fremdbefruchtung sorgt dafür, daß bei jedem Blühen, bei jedem neuen Lebenszyklus, die Gene umgruppiert werden. Die in der Pflanze vorhandenen mütterlichen Gene vereinigen sich während der Befruchtung mit den durch Pollen neu hinzukommenden väterlichen Genen und ergeben ein völlig neues Ganzes; das Kartenspiel der Gene wird durch jede sexuelle Vermehrung neu gemischt, das Genom (= Gesamtheit aller Gene) umgeordnet oder rekombiniert, wie der Fachmann sagt. Das Ziel der Fremdbefruchtung ist also die Rekombination. Dadurch entsteht beim Roggen dank der Selbstunverträglichkeit in der nächsten Generation eine genetisch andere Pflanze.

Damit sind wir schon mitten in der Genetik, deren Grundlagen kurz erklärt werden sollen, da sie die Voraussetzung für das Verständnis jeder züchterischen Tätigkeit sind. Die Gene eines jeden Lebewesens liegen vor allem im Zellkern vor und ordnen sich dort, wie Perlen auf einer Schnur, zu höheren Organisationseinheiten, den Chromosomen. Roggen ist, ebenso wie der Mensch, diploid, d.h. er trägt in jeder Zelle zwei Chromosomensätze. Genauer gesagt, liegt jedes Chromosom doppelt vor: eins kommt vom Pollen, eins von der Eizelle. An der Vererbung der Kornfarbe beim Roggen lassen sich die Konsequenzen verdeutlichen. Ein normales Roggenkorn schimmert bläulich-grün. Es gibt jedoch auch Roggen mit hellgelber Kornfarbe, von weitem ähnelt er Weizen. Die Vererbung dieses Merkmals wird durch ein einziges Gen bedingt (Abb. 20). Dieses besitzt zwei Allele, A und a. A trägt die Eigenschaft "blaugrüne (dunkle) Kornfarbe", a dagegen die Eigenschaft "hellgelbe (helle) Kornfarbe". Letzteres Allel wird in der Sprache der Genetiker mit einem kleinen Buchstaben geschrieben, weil es in seiner Funktion geschwächt ist, man nennt das rezessiv, während der "stärkere" Allelpartner A als dominant bezeichnet wird. Diese Begriffe sind einleuchtend, weil beim Vorliegen der Konstellation Aa die Merkmalsausprägung immer von A bestimmt ("dominiert") wird, das Korn also stets dunkel ist. Das Allel a hat in dieser Situation keine Funktion. Anders herum ausgedrückt: Die Kornfarbe ist nur hell, wenn von Vater und Mutter je ein Allel a kommt, was einer rezessiven Vererbung entspricht. Übrigens nennt man Pflanzen, die bei einem bestimmten Merkmal zwei gleiche Allele haben, reinerbig (homozygot), solche, die zwei verschiedene Allele tragen, mischerbig (heterozygot). Sind beide Eltern bezüglich der Kornfarbe reinerbig (Abb. 20), die Mutter hellkörnig (aa) und der Vater dunkelkörnig (AA), dann wird die gesamte Nachkommenschaft in der ersten Generation (F_1) dunkelkörnig sein (Aa). Bei der Bestäubung zweier mischerbiger Einzelpflanzen, kombinieren die Allele sich zufällig und es gibt drei Möglichkeiten für die Allelausstattung der Nachkommen, die in einer bestimmten mathematischen Regelmäßigkeit (1:2:1) auftreten. Da nun aber A dominant wirkt, gibt es von der Erscheinungsform her nur zwei Klassen von Nachkommen. Es entstehen zu 25% Pflanzen mit hellem Korn (aa) und zu 75% Pflanzen mit dunklem Korn (Aa, AA).

Hier wird deutlich, daß man streng zwischen der genetischen Ausstattung eines Organismus und seinem Aussehen unterscheiden muß. Beides muß nicht identisch sein. Deshalb gibt es dafür auch verschiedene Fachausdrücke: Genotyp und Phänotyp. Der Genotyp stellt, wie das Wort schon vermuten läßt, die genetische Ausstattung eines Organismus dar. In unserem Beispiel gibt es drei verschiedene Genotypen. Da aber AA und Aa aufgrund der Dominanz von A gleich aussehen, gibt es nur zwei äußere Erscheinungsformen (Phänotypen). Bei einem Fremdbefruchter ändert sich jedes Jahr die Zusammensetzung der Gene. Wir können immer nur den Phänotyp erkennen, nie jedoch die Gene, die dahinter stehen. Dieser Unterschied zwischen Genotyp und Phänotyp, Innen und Außen, ist ein Zentralproblem der Roggenzüchtung.

Natürlich gibt es noch viel kompliziertere Vererbungsformen als die Kornfarbe des Roggens. So werden nur sehr wenige, züchterisch interessante Merkmale mit einem einzigen Gen vererbt. Viel häufiger trägt zu einem Merkmal eine Vielzahl von Genen bei, die sich dann auf die verschiedenste Weise gegenseitig beeinflussen können. Die Vererbungsverhältnisse werden dann sehr schnell kompliziert.

Fassen wir also bis hierher zusammen: Roggen ist Fremdbefruchter, wobei der kleine, leichte Pollen sehr weit mit dem Wind transportiert werden kann.

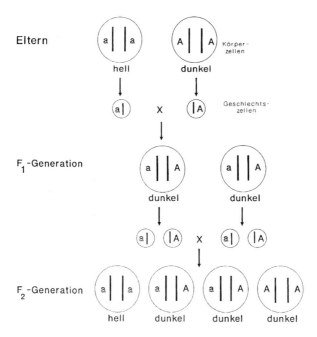

Abb. 20: Vererbung der Hellkörnigkeit beim diploiden Roggen und die sich daraus ergebenden Möglichkeiten der Allelausstattung der Geschlechtszellen. Die Chromosomen sind durch Striche symbolisiert, die Allele durch Buchstaben. Die Eltern sind im Beispiel beide reinerbig (aa bzw. AA). Daraus ergeben sich in der ersten Nachkommenschafts-(F_1)-generation ausschließlich mischerbige Pflanzen (aA). Kreuzen sich zwei mischerbige Pflanzen, so entstehen in der F_2-Generation die angegebenen Allelkombinationen in mathematisch festgelegten Häufigkeiten.

Die Pflanze verfügt über raffinierte Mechanismen, die die Fremdbestäubung fördern und die Selbstbefruchtung verhindern. Das Ziel ist dabei eine maximale Rekombination. Bei jedem Blühen einer Roggenpflanze werden die Gene neu gemischt, es entstehen dabei Nachkommen, die sich deutlich von ihren Eltern unterscheiden. Jetzt sind wir dem Ziel dieser Ausführungen schon ganz nahe, wenn die Frage auftaucht: warum legt die Natur soviel Wert auf ständig Neues?

Angenommen, die Umwelt einer Pflanze wäre konstant, über lange Zeiträume unverrückbar. Dann wäre eine große Anzahl von Neukombinationen ungünstig, denn nur wenige von ihnen wären an die Umwelt optimal angepaßt und wenn diese einmal gefunden sind, braucht es keine neuen Spielereien mit den Genen mehr. Dem ist aber ganz und gar nicht so. Denn die Umwelt ändert sich ständig. Damit sind nicht nur Klimakatastrophen, wie die Eiszeit, oder kleinräumige Unglücke, wie Überschwemmungen und Dürre gemeint. Es genügt schon, daß der Same einmal in eine Umgebung gerät, wo es etwas trockener, heißer, nässer oder kälter ist als bisher. Schon hat sich die Umwelt geändert. Die neu eingeschleppten Samen sind zunächst schlecht angepaßt. Durch sexuelle Vermehrung und die damit verbundene Rekombination können nun aber neue Genkombinationen entstehen, die besser mit den neuen Bedingungen fertig werden, eine höhere Anpassung erlangen. Diese besitzen damit einen Vorteil und werden sich nach und nach ausbreiten. In der weiteren Abfolge der Generationen entstehen dann immer besser angepaßte Typen. Damit ermöglicht die Rekombination eine stetige Veränderung der genetischen Ausstattung der Einzelpflanzen und ist damit Grundlage für eine Anpassung an sich verändernde Umweltbedingungen. Rekombination ist eine der Triebfedern der Evolution. Darüber dürfen aber zwei Dinge nicht übersehen werden: die Rekombination findet zwar bei jeder sexuellen Fortpflanzung statt, welche Genkombinationen dabei entstehen, ist jedoch nicht vorhersagbar, bleibt dem Zufall überlassen. Und zweitens: Rekombination verändert die genetische Ausstattung der Organismen, sie schafft jedoch keine neuen Gene. Sie hat damit nur einen Sinn, wenn bereits genetische Unterschiede vorhanden sind.

Veränderte oder gar neue Gene, können nur durch Mutation entstehen. Es handelt sich dabei um eine zufallsbedingte Änderung des Erbgutes, vergleichbar einem genetischen Unglück, das eine Veränderung der Eigenschaften des betreffenden Individuums zur Folge hat und an die Nachkommen vererbt wird. So können z.B. wichtige Enzyme des Stoffwechsels beeinflußt werden. Dies deutet bereits an, daß Mutationen in der Regel negative Auswirkungen haben. Sie wirken jedoch meist rezessiv, d.h. sie können sich gegenüber dem nichtveränderten Allel gar nicht durchsetzen und im Phänotyp ausprägen. Die Beeinflussung einer Fremdbefruchterpopulation durch Mutationen ist also begrenzt. Allerdings können sich in den Nachkommenschaften auch mutierte Allele reinerbig ausprägen, wenn dieselbe Mutation mehrfach auftritt und sich per Zufall zwei mutierte Allele treffen. Man erinnere sich an die helle Kornfarbe des Roggens. Aufgrund der Mischerbigkeit der Eltern spalten jedoch immer auch die Ausgangsformen wieder heraus (s. Abb. 20). Sollte sich die Mutation also als nachteilig erweisen, bleibt noch ein Teil der Nachkommenschaft überlebensfähig. Eine fremdbefruchtende Population hält sich so beide Wege offen. Sie "probiert" immer wieder neue Mutanten, produziert gleichzeitig aber auch noch die Ausgangsformen, so daß nie alles verloren geht. Außerdem findet bei der Blüte wieder eine Durchkreuzung statt, wodurch homozygote Mutantenallele wieder in ihren mischerbigen Zustand zurückgebracht werden können. Deshalb sind in Fremdbefruchterpopulationen eine Vielzahl von Mutanten gespeichert und werden an die Nachkommen weitergegeben ("Genetische Bürde"), meist ohne Schaden anzurichten. Dies fördert ebenfalls die Anpassungsfähigkeit und Flexibilität von Populationen, denn Mutationen können sich auch einmal positiv auswirken. Vielleicht ist nur die momentane Umwelt so geschaffen, daß sie ihren Trägern keinen Vorteil gewährt. Aber Umwelten können sich ändern, wie wir sahen.

Bisher war immer nur von einzelnen Pflanzen die Rede. Doch Roggen kommt weder in den Steppen Vorderasiens noch auf dem kultivierten Acker als Single vor. Er wächst stets in Gruppen, sogenannten Populationen. Man versteht darunter eine Vielzahl von Einzelpflanzen einer Art, die eine Fortpflanzungsgemeinschaft bilden, also sich zur selben Zeit am selben Ort befinden und fruchtbare Nachkommen erzeugen. Wenn man die Genetik nun von den Einzelwesen auf Populationen überträgt, bleibt das bisher Gesagte zwar bestehen, es kommt jedoch noch eine neue Dimension hinzu.

Stellen wir uns eine größere Gruppe von Wildroggenpflanzen in einem abgeschiedenen Tal des Elbruz-Gebirges im nördlichen Iran vor. Jede Einzelpflanze hat eine bestimmte Genzusammensetzung. Die Gene aller Pflanzen dieser Populationen bezeichnet man als Genpool. Könnte man sich diesen Genpool gleichsam unter dem Mikroskop betrachten und die einzelnen Gene auszählen, würde man finden, daß jedes Gen in einer bestimmten Häufigkeit vorkommt. Diese Häufigkeiten ändern sich in Abhängigkeit von der Vitalität, die die einzelnen Gene bewirken, und der umweltbedingten Auslese. Je länger eine Population in diesem Tal existiert, umso perfekter paßt sie sich ihrer Umwelt an, wobei infolge der Fremdbefruchtung auch mischerbige

Formen erhalten bleiben. Bei jeder Blüte wird der Genbestand neu geordnet. So treten die vorhandenen Allele zu immer neuen Kombinationen zusammen und werden auf ihre Vorteile abgetestet. Auf diese Weise bildet sich bei stabilen Populationen ein dynamisches Gleichgewicht der Allele (Abb. 21 A).

Siedeln sich in diesem einsamen Tal nun Ackerbauern an, die die Steppenvegetation umbrechen und Felder mit Weizen anlegen, so ändert sich auf diesen Flächen die Umwelt völlig. Das genetische Gleichgewicht der Wildroggenpopulation wird empfindlich gestört. Auf den bearbeiteten Feldern können nur noch die Genotypen aus der Population überleben, die sich den Umweltbedingungen und dem Wachstumsrhythmus des angebauten Weizens anpassen. Diese wenigen Typen können sich dann aber wesentlich stärker vermehren als die nicht angepaßten Typen und geben ihr Genmaterial bevorzugt an die nächste Generation weiter. So entstehen durch natürliche Auslese immer angepaßtere Typen. Es bilden sich zwei "Unter"-(Sub-)Populationen von Roggen in diesem Tal: Die einen leben nach wie vor in ihrer ungestörten Steppenlandschaft, die anderen siedeln bevorzugt als Unkraut auf den beackerten Flächen (Abb. 21 B). Die Häufigkeit der Gene in beiden Subpopulationen wird sich grundlegend verändern, weil die unterschiedlichen Umweltbedingungen unterschiedliche Eigenschaften von der Pflanze fordern. In der Unterpopulation, die auf dem Feld wächst, werden diejenigen Gene, die für die Anpassung an die frühere Umwelt verantwortlich waren, wesentlich verringert, während sich die Häufigkeit der Gene, die unter den neuen Lebensbedingungen vorteilhaft sind, erhöht. Gleichzeitig wird durch die Windbestäubung aber auch der Pollen von beiden Unterpopulationen ständig wieder durchmischt und ausgelesen. Die Population auf dem Acker wird sich solange verändern, bis sich ein neues Gleichgewicht einstellt, das nun optimale Anpassung an diese Umwelt ermöglicht. Das Fazit dieses Beispiels: Populationen besitzen eine eigene Dynamik. Ihre Variabilität und genetische Vielfalt ist eine besondere Form der Anpassung an sich verändernde Umwelten. Als die frühen Ackerbauern ihre Wanderungen weiterführten und dabei die Getreidearten samt dem Roggen mitnahmen, kam er auch in Gebiete, in denen es keinen Wildroggen mehr gab. Dadurch setzte eine eigenständige Entwicklung des Ungras-Roggens ein und es kam zu der Trennung des Primitivroggens vom Wildroggen. Bei ersterem wurden weiterhin die Gene gefördert, die eine Anpassung an die Ackerverhältnisse ermöglichten, während der Wildroggen sich selbst überlassen blieb und der natürlichen Evolution ausgesetzt war (Abb. 21 C).

Dies ist gleichzeitig die populationsgenetische Erklärung für die im früheren Kapitel geschilderte Umwandlung vom Wild- zum Kulturroggen. Die geheimnisvollen Kräfte, die hinter diesem Mechanismus stecken, heißen Mutation, Rekombination und Auslese (Selektion). Letzterer Begriff weist daraufhin, daß die Pflanzen einer Population miteinander um Wasser, Nährstoffe und Licht konkurrieren. Diejenigen, die am besten an die jeweilige Umwelt angepaßt sind, können sich stärker vermehren als die anderen und tragen damit in weit höherem Maße zur nächsten Generation bei, sie haben

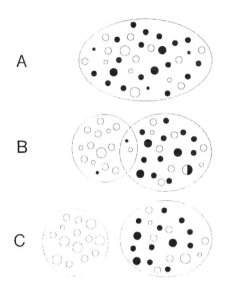

Abb. 21: **Anpassung einer Population bei sich ändernden Umweltbedingungen (Schema). Die kleinen Kreise stehen für Einzelpflanzen, ihre Markierung kennzeichnet ihre genetische Ausstattung (schwarz = positive Eigenschaften für Wildpflanzen, weiß = positive Eigenschaften für Kulturpflanzen) und ihre Größe die Vitalität der Einzelpflanze. Die Entfernung der Unterpopulationen (große Kreise/Ovale) symbolisiert ihren räumlichen Abstand voneinander. Alle weiteren Erläuterungen im Text.**

eine höhere Vitalität. Langfristig werden die schlechter angepaßten Typen verschwinden. Das Prinzip der natürlichen Auslese wurde 1859 erstmals von Charles Darwin beschrieben, der es mit dem medienwirksamen Titel "Kampf ums Dasein" versah.

Mutation, Rekombination und Auslese sind die Triebfedern der Evolution. Sie können nicht nur in der bisher beschriebenen natürlichen Weise erfolgen, sondern auch vom Menschen gezielt für seine Zwecke eingesetzt werden. Dies ist das Handwerkszeug des Züchters. Allein durch gezielte Auslese auf ein Merkmal kann die Zusammensetzung der Population massiv verändert werden. Ein ganz einfaches und einleuchtendes Beispiel ist die Auslese auf große Körner. Natürliche Populationen von Wildroggen besitzen relativ kleine Körner, weil es für das Überleben des Roggens weniger auf die Größe der Körner als vielmehr auf ihre Anzahl ankommt. Je mehr Körner eine Pflanze produziert, umso mehr Nachkommen werden gebildet, umso höher ist ihr Anteil an der nachfolgenden Generation. Die Korngröße darf nur ein bestimmtes Mindestmaß nicht unterschreiten, das für die Keimfähigkeit notwendig ist. Dieses Mindestgewicht liegt beim Roggen bei etwa 0,005 g/Korn oder 5g/1000 Korn. Die letztgenannte Einheit wird einfach Tausendkorngewicht (TKG) genannt und ist ein wichtiges Zuchtmerkmal.

Die Korngröße einer großen, unselektierten Population entspricht der sogenannten Normalverteilung (Abb. 22). Es gibt nur sehr wenige extrem kleine und extrem große Körner, die meisten liegen im Mittelfeld. Der Mittelwert einer Primitivroggen-Population beträgt für die Korngröße vielleicht 20g TKG. Wählt der Züchter einseitig nur die größten 5% der Körner einer Population aus (schwarze Fläche), so verschiebt sich der Mittelwert zunehmend in Richtung größere Körner. Unsere heutigen Populationen haben einen Mittelwert von 30 - 40 g TKG. Dies ist ein Beispiel für eine gerichtete Auslese, die durch gezielte Zuchtwahl des Menschen bewirkt wurde. Dabei wurde die Korngröße in eine Richtung verändert, die zwar dem Ziel des Menschen, nicht aber der Absicht der Natur, entspricht.

Die enorme Variabilität und Anpassungsfähigkeit von Roggenpopulationen ist unter dem Gesichtspunkt der Evolution sehr förderlich. Für den Züchter ist sie ein zweischneidiges Schwert. Einerseits hat er viele Möglichkeiten, seine erwünschten Merkmale auszulesen. Die natürliche Palette des Roggens

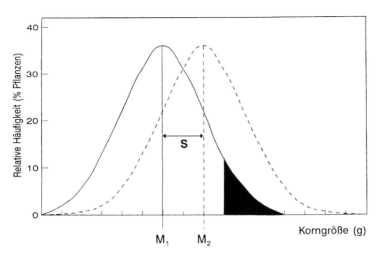

Abb. 22: Schematische Darstellung der Selektion. Werden von der Ausgangspopulation (durchgezogene Linie) mit dem Mittelwert M_1 die 5 % Besten (schwarze Fläche) selektiert und wieder angebaut, ergibt sich im Folgejahr (gestrichelte Linie) eine Verteilung mit dem höheren Mittelwert M_2. Die Differenz zwischen M_1 und M_2 entspricht dem Selektionsdifferential (S).

ist bunt und vielfältig. Andererseits ist es aber schwierig, das Gewünschte zu finden und, wenn es gefunden ist, zu erhalten.

Doch was will der Züchter vom Roggen überhaupt? Bisher war noch nie von einer gezielten Veränderung seiner Eigenschaften die Rede. Die Bauern säten und ernteten den Roggen, den sie vom Vater ererbt, vom Nachbarn getauscht oder vom Grundherrn bekommen hatten. Um das Bemühen der Zuchter in den letzten 120 Jahren für eine Verbesserung des Roggens zu verstehen, ist noch ein kleiner Exkurs über das Wesen der Pflanzenzüchtung nötig.

Bei der Züchtung geht es um die Verbesserung der Kulturpflanzen hinsichtlich ihrer Ertragsleistung, Ertragssicherheit und Erntequalität. Es sollen also neue Sorten geschaffen werden, die unter den jeweils vorhandenen Umwelt- und Produktionsbedingungen hohe und stabile Erträge mit der erforderlichen Qualität der Ernteprodukte gewährleisten (Abb. 23).

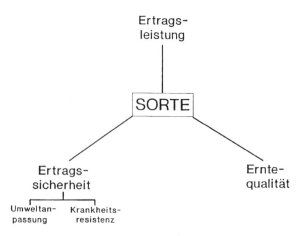

Abb. 23: Ansprüche an eine moderne Zuchtsorte

Der Züchter versucht, aus einer großen Variation, die er entweder schon vorfindet oder sich durch die Kreuzung verschiedener Pflanzentypen selbst schaffen kann, diejenigen Formen herauszufinden, die am besten alle gewünschten Eigenschaften in sich vereinigen. Die Züchtung jeder Pflanzenart ist ein dreistufiger Prozeß:

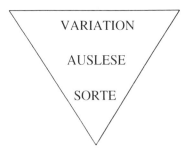

Das Dreieck symbolisiert den Effekt der Auslese. Aus einer breiten Ausgangspopulation ("Variation") werden über Jahre hinweg nur bestimmte erwünschte Individuen ausgelesen, d.h. die unerwünschten Pflanzen entfernt. Dadurch wird die Zahl der geprüften Kandidaten mit der Zeit immer geringer, der Aufwand, der zur Prüfung der erwünschten Eigenschaften betrieben wird, immer höher. Die Auslese wirkt also wie ein Sieb, das zum Trennen einer

Population in erwünschte und unerwünschte Formen dient. Dadurch kommt es aber gleichzeitig auch zur Veränderung der genetischen Struktur dieser Population. Ziel ist, die Häufigkeit der positiven, die Leistungsfähigkeit steigernden, Gene anzureichern und so zu verbesserten Sorten zu kommen. Da keine Sorte alle erwünschten Merkmale in maximaler Ausprägung in sich vereint, und sich die landwirtschaftlichen Bedingungen, unter denen die Sorten angebaut werden, verändern, kommt die Züchtung nie zu einem Ende. Außerdem ändert sich auch die Einstellung der Menschen, die die Sorte kaufen, anbauen, verarbeiten, vermarkten und verbrauchen. Ein Beispiel verdeutlicht dies. Als nach dem Zweiten Weltkrieg die landwirtschaftliche Produktion in Deutschland wieder begann, war es oberstes Ziel, möglichst schnell ausreichend Nahrungsmittel zu produzieren. Die Dünge- und chemischen Pflanzenschutzmittel wurden billiger und damit auch zunehmend verbreitet, von den Sorten wurde verlangt, bei möglichst hohen Düngergaben maximale Erträge zu liefern, ohne die Standfestigkeit zu gefährden. Die logische Konsequenz war bei Weizen die Einlagerung von "Zwerggenen", die zu einem extrem kurzen, aber stabilen Halm führte. Die Sorten "vertrugen" extrem hohe Stickstoffgaben, ohne umzufallen, waren aber gegen wichtige pilzliche Krankheiten sehr anfällig und konnten nur mit einem überproportional hohen Pflanzenschutzmitteleinsatz gesund gehalten werden. Heute, im Zeitalter der Überschüsse und eines verbreiteten Umweltbewußtseins sollen die Sorten dagegen auch mittlere Düngungsgaben optimal ausnutzen, widerstandsfähig (resistent) gegen Krankheiten und Schädlinge sein sowie ernährungsphysiologisch wertvolles Erntegut liefern. Damit verschwanden die extrem kurzen Weizensorten vom Markt und wurden von mittellangen Sorten mit zunehmender Kombination von Resistenzen gegen verschiedene Krankheitserreger verdrängt.

Bis zu einer solchen züchterischen Veränderung von Sorten je nach Marktgegebenheit und Verbrauchergewohnheit war jedoch ein weiter Weg. Zunächst ging es darum, überhaupt die Möglichkeit der Pflanzenzüchtung zu entdecken und erste tastende Versuche vorzunehmen, um ihre Methoden zu entwickeln.

Von der Landsorte zur "Hochzucht" - Beginn einer planmäßigen Züchtung im 19. Jahrhundert

Roggen wurde auch noch im 19. Jahrhundert in Mittel- und Osteuropa mit steigender Intensität angebaut und war die Nahrungsgrundlage der gesamten Bevölkerung östlich des Rheins. Um seine damalige Bedeutung zu illustrieren, muß man sich die riesigen Landflächen vorstellen, die mit Roggen bebaut wurden.

Im Deutschen Reich nahm der Roggen um die Jahrhundertwende ein Viertel der gesamten Ackerfläche oder 40-45% der Getreideanbaufläche ein und war damit die wichtigste Ackerfrucht. Noch bedeutender war er nur im mittleren und nördlichen Rußland, wo Roggen auf rund der Hälfte der Ackerfläche angebaut wurde, das waren etwa 65 Millionen Hektar. Nach Süden und Westen zu nahm der Roggenanbau rasch ab. In Österreich machte er noch etwa ein Drittel der Getreideanbaufläche aus, nur in den gebirgigen Lagen der Alpen, des Böhmerwaldes und des böhmisch-mährischen Hochlandes stieg sein Anteil auf 40% und darüber. In Süd- und Westeuropa wurde Roggen nur dort angebaut, wo magerer Sandboden vorherrschte, etwa in den "Sanddistrikten" zwischen Theiß und Donau, oder in Gebirgslagen, wie im französischen Zentralplateau oder auf der spanischen Sierra Nevada.

Diese kurze Schilderung läßt schon vermuten, daß der weit ausgedehnte Roggenanbau vorwiegend klimatische Gründe hatte. Seine Südgrenze wird dort erreicht, wo der Mai eine Mitteltemperatur von $15^{\circ}C$ oder der Juni ein mittleres Temperaturniveau von $20^{\circ}C$ hat. Es wäre aber falsch anzunehmen, daß der Roggen in südlichen Breiten nicht gedeihen könnte. Schließlich stammt er aus den Steppengebieten Vorderasiens. Vielmehr war umgekehrt in den typischen "Roggengebieten" der Weizenanbau nicht möglich, weil er bei seiner damals fehlenden Kältetoleranz die harten Winter Mittel-, Nord- und Osteuropas nicht überstand. So war es die Genügsamkeit und natürliche Winterhärte des Roggens, die ihn in diesen Gebieten konkurrenzlos machte. Heute wird er im Norden bis 70° (Norwegen) bzw. 60° nördliche Breite (Sibirien) angebaut. In den Mittelgebirgen Deutschlands findet man ihn bis 900 m Höhe, in den Alpen bis 1850 m, der höchste bekannte Anbauort Europas liegt bei 2230 m in der Sierra Nevada. Roggen ist also wenig wählerisch, was das Klima angeht.

Irgendwann ist jedoch auch die sprichwörtliche Winterfestigkeit des Roggens überfordert. So übersteht er zwar noch Kahlfröste bis -25°C, aber wo der Schnee regelmäßig länger als drei bis vier Monate eine geschlossene Decke bildet, ist kein Winterroggenanbau mehr möglich. Dort kann dann nur noch Sommerroggen gedeihen, der erst im März ausgesät und im August bereits wieder geerntet wird. Auch für feuchte, kalte Lagen, in denen der Winterroggen durch extreme Spätfröste gefährdet ist, wie z.B. auf Moorstandorten, wurde auf Sommerroggen ausgewichen.

Auch in Deutschland war bis ins 20. Jahrhundert hinein der weitverbreitete Roggenanbau in der Hauptsache durch kalte Winter und leichte Böden bedingt. Thaer (1847) preist ihn in solchen Landstrichen als das "wohltätige Geschenk Gottes" und Schwerz (1823) meinte, daß ohne ihn die Lüneburger Heide kaum bewohnbar wäre. Hier finden sich vor allem leichte Sandböden, auf denen ohne Mineraldüngung und Bewässerung Weizen und Gerste nicht anbauwürdig sind. Roggen wurde hier entweder in Monokultur ("Einfeldbau") oder im Wechsel mit Buchweizen und Lupinen angebaut. Becker-Dillingen schreibt noch 1927: "Wenn wir nicht viele Böden hätten, die zum Roggenanbau 'verurteilt' sind, so hätte sich das Verhältnis wohl verschoben zugunsten des Weizens."

Durch den jahrtausendealten Roggenanbau und die bereits beschriebenen Prozesse im Mittelalter (Kap. 5) entstanden in Mitteleuropa sogenannte Landsorten. Dies waren überlieferte Populationen, die von den Bauern immer wieder selbst vermehrt wurden, vom Vater auf den Sohn übergingen und sich in einem jahrhundertelangen Prozeß der natürlichen Auslese optimal an den jeweiligen Standort anpassen konnten. Sie besaßen deshalb eine hervorragende Ertragsstabilität, lieferten also auch unter denkbar ungünstigen Umweltbedingungen in der Regel noch einen Ertrag. Andererseits brachten sie aber auch bei besseren Anbaubedingungen nur relativ bescheidene Kornerträge. Genetisch gesehen bildeten diese Landsorten Populationen mit einer hohen Variation, was sich bereits an äußeren Merkmalen wie Wuchshöhe, Ährenhaltung und Ährenlänge erkennen ließ. Eine solche Landsorte sieht bereits bei flüchtigem Hinsehen wesentlich ungleichmäßiger und variabler aus als die heutigen Sorten. Die Pflanzenlänge variierte zum Beispiel von 1,60 m bis 2,60 m.

Aus älteren Schriften sind uns Beschreibungen solcher Landsorten, damals wurden sie noch "Natur-Rassen" genannt, überliefert. Als besonders winterhart galt z.b. der Pirnaer Landroggen, der aus dem sächsischen Bezirk Pirna, südlich von Dresden, stammte. An ihm wird besonders gerühmt:

> ... ganz hervorragende Winterhärte, starke Bestockung und gute, sichere Erträge bei größter Anspruchslosigkeit, sowie Feinschaligkeit des Korns... Langes, schlankes, dünnschaliges, mehlreiches Korn von charakteristisch heller, grünlich-grauer Farbe. Die normalen Ähren deutlich vierkantig, und von mittlerer Länge. Der Halm ist mittellang und von mittlerer Stärke.

So differenzierten sich regionale Sortentypen. Durch die Windbefruchtung des Roggens war gewährleistet, daß über die Jahrhunderte hinweg in einer Landschaft eine mehr oder weniger einheitliche Population entstand, die sich von den Populationen anderer Gegenden unterschied. Die oben erwähnte Langstrohigkeit ist übrigens nicht nur durch fehlende Auslese bedingt, sondern war damals durchaus erwünscht. Stroh stellte ein wertvolles Naturprodukt dar, wie auch heute noch in den Entwicklungsländern. Es diente als Einstreu für die Stalltiere, aber auch zum Flechten und Dachdecken, zur Herstellung von Sandalen und Hüten, als Einlage für die Matratze und zum Anbinden der Weinreben. Für diesen Zweck wurde übrigens in der Rheinpfalz noch bis um 1960 die alte Sorte "Schickerts Pfälzer Landroggen" angebaut. Offensichtlich war das zähe Roggenstroh gar nicht so einfach durch Draht oder Kunststoff zu ersetzen.

Der Hauptvorteil der Landsorten war ihre optimale Anpassung an die in einer Landschaft vorherrschenden Boden- und Klimabedingungen. Dies zeigte sich in aller Deutlichkeit erst, als Zuchtsorten entstanden waren, die zwar im allgemeinen eine hohe Ertragsüberlegenheit brachten, auf extremen Standorten aber völlig versagen konnten. Ein berühmtes Beispiel ist das Marchfeld in Österreich. Hier war traditionell der "Marchfelder Roggen" zu Hause, eine extensive, sehr frühreife und heterogene Landsorte. Trotzdem war er noch 1907, nach rund 40jähriger planmäßiger Roggenzüchtung, in mehrjährigen Sortenversuchen in seinem Heimatgebiet allen bis dahin gezüchteten Sorten weit überlegen. Nur diese ökologisch optimal angepaßte Landsorte brachte in den für das kontinentale Klima typischen, regenarmen Jahren auf den leichten Böden überhaupt befriedigenden Ertrag. Die fremden "Hochzuchtsorten" waren an die frühe Sommertrockenheit nicht angepaßt und litten aufgrund ihrer späteren Reifezeit stark unter Wassermangel. Sie waren zwar in den meisten Anbaugebieten ertragsstärker, aber solchen extremen Umweltbedingungen nicht gewachsen. Wegen seiner ausgezeichneten Kornqualität war der Marchfelder Roggen auch in den 20er Jahren unseres Jahrhunderts von den Wiener Mühlen und Bäckereien eine gesuchte Spezialität. Außerhalb des Marchfeldes war er hoffnungslos unterlegen, neuere Sorten zeigten auf besseren Böden mit ausreichendem Niederschlag einen bis zu 30% höheren Ertrag.

Die Roggenzüchtung begann, als man erstmals bemerkte, daß sich die einzelnen Landsorten ertraglich voneinander unterschieden und man nach besseren Populationen für ein bestimmtes Gebiet suchte. Dies war um die Mitte des letzten Jahrhunderts der Fall. Sehr schön ist in einer alten Originalarbeit die Anpassung des Französischen Champagnerroggens an ostdeutsche Klimaverhältnisse beschrieben. Dieser wurde aus dem Elsaß um das Jahr 1850 "wegen seiner die damaligen Roggensorten überragenden Ertragsfähigkeit" von einem Gutsbesitzer in die Mark Brandenburg eingeführt. Dabei zeigte sich schnell die mangelnde Winterfestigkeit durch hohe Frostempfindlichkeit. Trotzdem wurde der ausländische Roggen aufgrund seiner überzeugenden Ertragsfähigkeit weiter angebaut, so daß die natürliche Auslese wirken konnte und innerhalb von einigen Jahrzehnten war durch die den Fremdbefruchtern innewohnende Dynamik eine neue, ausreichend winterfeste Population entstanden:

> Der fortgesetzte Anbau in rauher Gegend auf einem Boden, der zu den kältesten zu zählen ist, und dem nur wenig Niederschläge zufließen, ließ aus diesem Roggen nach und nach eine eigenartige Sorte hervorgehen, die im direkten Gegensatz zu ihrer Muttersorte eine außergewöhnliche Winterfestigkeit erlangte und mit geringen Feuchtigkeitsmengen so vortrefflich haushält, daß dennoch eine reiche Ernte dabei heranwachsen kann.

Dies ist ein gutes Beispiel für die enorme Anpassungsfähigkeit einer variablen Population. Durch Verschleppung (Migration) wurde die französische Landsorte in eine fremde Umgebung gebracht. Dadurch wurden die Anpassungsmechanismen der Population in Gang gesetzt und es entstand alleine durch natürliche Auslese in einem für die Evolution sehr kurzen Zeitraum eine neue, ökologisch angepaßte Population. Dies machte die Landsorten des Roggens auch ohne bewußte Auslese so erfolgreich. Trotzdem hatten sie einige gravierende Nachteile, die eine züchterische Verbesserung zunehmend wünschenswert erscheinen ließen. Typisch für die Landsorten ist eine lange, lockere Ähre, auf einem sehr langen Halm von rund zwei Meter. Daraus resultierte eine hohe Lageranfälligkeit. In feuchten Jahren legten sich die Bestände noch vor der Blüte auf den Boden. Dies führte natürlich zu einer schlechten Befruchtung und mangelndem Kornansatz ("Schartigkeit"). Außerdem kann durch die feuchten Verhältnisse in Bodennähe das neu gebildete Korn bereits auf der Ähre wieder mit der Keimung beginnen ("Auswuchs"). Dadurch werden die wenigen gebildeten Körner wertlos und sind höchstens noch als Viehfutter tauglich. Bereits Körner mit leichtem, unsichtbaren Auswuchs ergeben einen schmierigen Teig, der kaum aufgeht und als Brot wenig appetitlich aussieht und schmeckt. Vielleicht war auch durch die hohe Auswuchsgefahr der alten Landsorten das Roggenbrot bei der Bevölkerung so unbeliebt. Sicherlich konnte mit den damaligen Methoden nur in wenigen Jahren Roggenbrot so gut verbacken werden, wie wir es heute gewohnt sind.

Bei den alten Landsorten klafften die Spelzen weit auseinander, so daß der Kornsitz locker war und der Ausfall der Samen vor der Ernte entsprechend hoch. Die Ähren von Landsorten sind auch bei stehendem Halm in der Regel schartig, d.h. einige Ährchen sind nicht mit Körnern besetzt, sondern bleiben trotz ausreichendem Pollenangebot im Bestand unfruchtbar. Diese Sterilitätserscheinung ist teilweise erblich bedingt und reichert sich in den Populationen an, wenn keine gegengerichtete Auslese stattfindet. Die Schartigkeit, unter der mehr oder weniger alle Landsorten litten, reduzierte selbst bei optimalem Blühwetter und stehendem Bestand den Ertrag um über 10%.

Aus der Beobachtung der Unterschiede zwischen den Landsorten ergab sich der Wunsch nach Besserem. Die natürliche Auslese war zwar eine wirksame, aber auch langwierige Methode. Deshalb begann man im letzten Viertel des 19. Jahrhunderts nach besseren Verfahren zu suchen.

Damals befand sich die deutsche Landwirtschaft in einer Blütezeit. Sie nahm an dem allgemeinen wirtschaftlichen Aufschwung teil, der besonders die Zeit nach der Reichsgründung kennzeichnete. Der mit zunehmender Industrialisierung steigende Wohlstand der Bevölkerung teilte sich der Landwirtschaft durch eine steigende Nachfrage nach agrarischen Erzeugnissen mit. Durch die Einführung neuer Fruchtfolgen, dem endgültigen Wegfall der seit dem Mittelalter durchgeführten Brache, dem Einsatz mineralischer Düngemittel und die Erfindung neuer Maschinen wurden völlig veränderte Produktionsbedingungen geschaffen. Die verbesserten Wachstumsverhältnisse für die Pflanzen brachten besonders auf den guten Böden erhebliche Ertragssteigerungen. Durch die Verbesserung der Ackerkultur wurde ein höherer Viehbestand die Regel, was zu vermehrtem Anfall von Stalldung und damit weiter verbesserter Nährstoffversorgung der Pflanzenbestände führte. Mitte des 19. Jahrhunderts entstand die deutsche Landmaschinenindustrie und F. W. Raiffeisen gründete eine erste Form bäuerlichen Kreditwesens. Das war ein geeignetes ökonomisches Klima, um mit der Züchtung besserer Sorten zu beginnen. Zudem zeigte sich immer deutlicher, daß die seit Jahrhunderten durch natürliche Anpassung an Klima und Boden entstandenen Landsorten nicht mehr für die verbesserten Kulturbedingungen geeignet waren. So begann allmählich der Gedanke Fuß zu fassen, die alten Sorten zu verbessern und dadurch höhere Erträge zu erzielen. Dies erhielt durch die Gründung der Deutschen Landwirtschaftlichen Gesellschaft (DLG) 1885 zusätzlichen Auftrieb. Bereits ein Jahr später wurde dieser Standesorganisation eine eigene Saatgutabteilung angegliedert. Sie verteilte ab 1888 Preise für die fortschrittlichsten Saatzuchtbetriebe und führte im selben Jahr die ersten systematischen Sortenversuche ein, die durch die erstmalige Vergleichsmöglichkeit der bestehenden Sorten einen gewaltigen Aufschwung für die deutsche Züchtung bedeuteten. In der zweiten Hälfte des 19. Jahrhunderts entstanden in Deutschland viele der heute noch bestehenden Zuchtbetriebe. Diese Pioniere der Pflanzenzüchtung waren meist Großgrundbesitzer, die die ökonomische Notwendigkeit, ihre Betriebe rentabel zu halten, zur Verbesserung der Landsorten trieb.

Diese Charakterisierung gilt auch für den ersten, der sich an die gezielte züchterische Verbesserung der alten Landsorten des Roggens wagte, den Domänenbesitzer und Amtsrat Dr. W. Rimpau aus Schlanstedt, Bezirk Magdeburg. Rimpau erkannte mit sicherem Blick den Probsteier Roggen als eine der erfolgreichsten deutschen Landsorten und nahm ihn 1867 als Ausgangspunkt für eine Massenauslese (Abb. 24). Dabei wird der Roggen in größerem Reihenabstand als allgemein üblich angebaut und die einzelnen Pflanzen während der Vegetationszeit beobachtet, weil nur die Pflanzen mit den kürzesten Halmen, der längsten Ähre und dem vitalsten Aussehen weiterge-

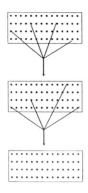

Abb. 24: Prinzip der Massenauslese. Es werden Einzelpflanzen ausgelesen, deren Körner geerntet und im nächsten Jahr wieder angebaut.

führt werden. Zur Ernte sucht der Züchter die Pflanzen oder Ähren, die seinem Wunschbild am besten entsprechen, einzeln heraus. Diese ausgelesenen ("selektierten") Pflanzen werden zunächst getrennt geerntet, gedroschen, vermessen und verwogen. Daran schließt sich in der Regel eine erneute Auslese, wobei die Pflanzen mit dem höchsten Korngewicht und den größten Körnern ausgesucht werden. So bleiben im Verlauf eines Jahres von Zehntausenden von Pflanzen nach der Auslese vielleicht 0,1 - 2% übrig. Deren Saatgut wird nun gleichmäßig gemischt und das Ganze erneut ausgesät. Im folgenden Jahr wird die Prozedur wiederholt. Wenn ein mittelalterlicher Bauer nur die Körner der schönsten Ähren seines Feldes wieder aussäte, betrieb er bereits unbewußt eine einfache Form der Massenauslese.

Nachdem Rimpau dieses Verfahren drei Jahre hintereinander wiederholt hatte, war er von ihm bereits so überzeugt, daß er in einem Vortrag im landwirtschaftlichen Verein zu Halberstadt den Erfolg voraussagte:

> Ich glaube, daß man aus den importierten Varietäten durch sorgfältige Kultur zum speziellen Zwecke der Saatkornerzeugnis durch Ährenauswahl, durch zweckmäßige Behandlung des gedroschenen Saatgutes wiederum bessere Varietäten herauszüchten kann.

Bei diesem Zitat wird deutlich, daß Rimpau zunächst keine genetische Verbesserung im Sinn hatte. Durch sorgfältige Anbautechnik und Auslese der Mutterpflanzen wollte er die Saatgutqualität und -reinheit verbessern, um so höhere Erträge zu erzielen. Die Genetik, die heute untrennbar mit dem Begriff Züchtung verbunden ist, war damals als Wissenschaft noch weitgehend unbekannt. Denn schließlich begann Rimpau seine Arbeit 22 Jahre bevor die erste Vorlesung über Pflanzenzüchtung an einer deutschen Hochschule stattfand (1889 in Göttingen) und rund 30 Jahre vor der Wiederentdeckung der Mendelschen Gesetze (um 1900) und den richtungsweisenden Versuchen Johannsens über Genotyp und Phänotyp von Pflanzen (1903). So mußten sich die ersten Vordenker der Pflanzenzüchtung ihr züchterisches ABC ohne theoretischen Unterbau, nur durch Versuch und Irrtum, selbst erarbeiten.

Dabei konnte sich Rimpau bei seiner Verbesserung des Roggens jedoch nicht auf reine Saatgutfragen beschränken. Denn als Fremdbefruchter unterliegt Roggen bei jeder Art von Anbau einer Auslese. Und sobald der Mensch durch Zuchtwahl eingreift, verändert sich die Population in eine bestimmte Richtung. Es lag natürlich nahe, einfach die schönsten Ähren aus dem Bestand auszuwählen, in der Hoffnung, so eine verbesserte Population zu erhalten. Und genau dies tat Rimpau. Dabei konzentrierte er sich zunächst auf die Ähren vom Feldrande, da diese besonders wüchsig erschienen. Dies hatte jedoch nichts mit genetischer Überlegenheit zu tun, denn die Pflanzen am Rande des Feldes haben einfach weniger unter der Konkurrenz der Nachbarpflanzen zu leiden und entwickeln sich deshalb besser. Nach einigen Jahren erkannte Rimpau seinen Irrtum und verfolgte die Massenauslese im Bestand nach dem beschriebenen Schema. Der Erfolg dieser Bemühungen war sein "Schlanstedter Roggen", der sich nach einem zeitgenössischen Bericht durch "auffallende Länge der Ähren und Halme auszeichnete und bessere Erträge gab".

Nun wirft die Roggenzüchtung einige Probleme auf, die sich aus der Fremdbefruchtung ergeben. Es wurde bereits im vorigen Kapitel ausgeführt, daß der Pollen einer Pflanze nicht die Narbe derselben Pflanze befruchten kann, sondern immer nur bei einer genetisch anderen Pflanze zur Kornbildung führt. Der Pollen wird dabei durch den Wind zufällig verbreitet ("Pollenwolke"). Deshalb kennt man in der Fremdbefruchterzüchtung bei normalem, d.h. offenem, Abblühen mit zufallsgemäßer Bestäubung nur die Mutter der geernteten Körner, nie jedoch den Vater (= Pollenspender). Durch die Fremdbefruchtung hat es der Züchter immer mit einer genetisch heterogenen Population zu tun, die sich von Jahr zu Jahr verändert.

Daraus ergeben sich für die Roggenzüchtung drei Probleme: das Auffinden überlegener Formen in einer stark variierenden, genetisch heterogenen Population, die Erhaltung der vorteilhaften Merkmale der selektierten Formen trotz Fremdbefruchtung und schließlich die günstigste Kombination mehrerer selektierter Formen zu einer neuen Sorte. Die weitere Geschichte der Roggenzüchtung befaßt sich ausschließlich mit der Suche nach Lösungen für diese drei Fragen. Und je weiter die Kenntnis über genetische Vorgänge fortschritt, umso besser wurden die Lösungsmöglichkeiten. Dieser zuchtmethodische Fortschritt erreichte schließlich Anfang der 70er Jahre unseres Jahrhunderts mit der Hybridzüchtung auf geradezu ideale Weise einen bisherigen Schlußpunkt.

Doch mit seiner Methode war Rimpau davon noch weit entfernt. Genau genommen war die Massenauslese, so naheliegend sie auch war, die schlechteste Züchtungsmethode für den Fremdbefruchter Roggen. Denn sie ermöglicht keine Steuerung der Bestäubung, es ist alles vom Zufall abhängig. Bei der Auslese können nur die mütterlichen Leistungen beurteilt werden, der Vater bleibt unbekannt, die Effektivität ist also gering. Die den Züchter am meisten interessierenden Merkmale, wie Pflanzenlänge, Standfestigkeit, Ährenform und vor allem Ertrag, können erst kurz vor oder nach der Ernte beurteilt werden. Dann hat aber bereits eine erneute Befruchtung stattgefunden, d.h. die positiv ausgewählten Mutterpflanzen sind bereits wieder von Pollen unbekannter Herkunft befruchtet worden. Da bei größeren Roggenfeldern die Pollenwolke vom Bestand selbst gebildet wird, entspricht sie in ihrer Zusammensetzung dem Mittelwert der Population. Sie enthält also genetisch gute und mittlere, aber auch schlechte Pollenkörner. Die Eigenschaften der Nachkommen sind bei offener, d.h. zufälliger, Bestäubung nicht vorhersagbar. Und eine als besonders gut erscheinende Mutterpflanze kann zufällig neben einer besonders schlechten Pflanze gestanden haben, die sie während der Blüte mit ihrem Pollen eindeckte, so daß die meisten Nachkommen wieder nur eine mittlere Leistung erbringen werden. Die Massenselektion ermöglicht nur bei den Merkmalen einen raschen Zuchtfortschritt, die vor der Blüte erkannt und selektiert werden können (z.B. Winterfestigkeit, Frostresistenz, Blühzeitpunkt, Wuchshöhe), so daß die schlechten Genotypen erst gar nicht zur Pollenproduktion beitragen.

Aber es kommt noch ein weiteres Problem hinzu. Es ist bereits im vorigen Kapitel dargestellt worden, daß der Phänotyp, das äußere Erscheinungsbild einer Pflanze, nicht unbedingt dem Genotyp, ihrer genetischen Ausstattung, entspricht. Dies liegt am Vorhandensein rezessiver Gene und der Umwelt. Kein Lebewesen lebt isoliert. Es befindet sich in einer bestimmten Umwelt, die z.B. von der Temperatur, der Witterung oder den Lichtverhältnissen bestimmt wird. Auch die Wirkung der Gene und ihrer Produkte ist umweltabhängig. So gibt es beispielsweise Gene, die nur bei einer bestimmten Temperatur oder einer bestimmten Tageslänge ihre Wirkung entfalten. Jede Eigenschaft einer Pflanze wird von den Genen und der Umwelt bestimmt. Den Anteil, den die Gene an der Ausprägung einer Eigenschaft haben, nennt man folgerichtig Erblichkeit (Heritabilität). So gibt es Eigenschaften, deren Ausprägung fast nur von den Genen abhängig ist. Beim Menschen ist dies z.B. die Augenfarbe, beim Roggen die Pflanzenlänge. Die Umwelt spielt hier nur eine geringe Rolle. Eine Roggenpflanze, die an der Nordseeküste zu den längsten ihrer Population gehört, wird auch am Alpenrand oder in der ungarischen Tiefebene in dieser Kategorie zu finden sein. Andere Eigenschaften sind sehr viel stärker umweltbedingt, etwa der Ertrag einer Sorte. Vom Züchter kann nur die erbliche Komponente eines Merkmals beeinflußt werden, der umweltbedingte Anteil wirkt sich störend aus.

Bei der Massenselektion treffen durch das offene Abblühen einer heterozygoten Population jedes Jahr genetisch andere Pflanzen auf jeweils andere Umweltbedingungen. Es kann damit ein Fortschritt nur bei den Merkmalen erzielt werden, die wenig umweltabhängig sind. Nur sie können trotz der wechselnden Jahreseinflüsse überhaupt sicher erkannt werden. Ein ganz einfaches Beispiel macht dies klar Wenn von den Pflanzen einer Population die ertragreichsten nur mit einer Wahrscheinlichkeit von 30% herausgefunden werden, so bringen von den selektierten Pflanzen im Durchschnitt zwei von drei Individuen keinen Fortschritt in diesem Merkmal. Da sie jedoch in der nächsten Generation wieder gemeinsam mit den tatsächlich ertragreicheren Pflanzen abblühen, ihre Gene also wieder in die Population eingemischt werden, kann der Ertragsfortschritt einer durch Massenselektion gezüchteten Population nur gering sein. Die aufgrund ungenauer Information falsch selektierten Pflanzen "verdünnen" das genetische Material bezüglich des Ertrages immer wieder. Man kann dies auch umgekehrt formulieren. Bei der Massenselektion kann nur der Phänotyp beurteilt werden. Da dieser nur in wenigen Merkmalen mit dem Genotyp übereinstimmt, muß zwangsläufig ein hoher Fehler in Kauf genommen werden. Als Sinnbild läßt sich die Massenselektion mit einem Maskenball vergleichen, wo auch nur die aufgesetzten Larven, das äußere Erscheinungsbild (= Phänotyp), sichtbar ist, nicht aber das Gesicht, das sich tatsächlich dahinter verbirgt (= Genotyp). In einem der nächsten Kapitel wird gezeigt werden, wie sich diese Schwierigkeit umgehen läßt und der Genotyp demaskiert werden kann. Die Bevorzugung der Massenauslese zur damaligen Zeit war bedingt durch ihre Einfachheit, das völlige Fehlen von systematischem genetischem Wissen und ihrem erfolgreichen Einsatz bei den Selbstbefruchtern Weizen, Gerste und Hafer, wo sie wesentlich bessere Erfolge erbringen kann.

Der Amtsrat Rimpau war jedoch nicht nur ein umsichtiger Gutsherr, der seine Sorten verbessern wollte, sondern auch in hohem Maße wissenschaftlich begabt. So schrieb er eines der ersten Lehrbücher für Pflanzenzüchtung ("Die Züchtung neuer Getreidearten", 1877), das noch 50 Jahre später in der Fachpresse zitiert wurde. Im gleichen Jahr wies er erstmals die Selbstunverträglichkeit des Roggens nach.

Trotz dem frühen Beginn seiner Züchtungsarbeit, seinem innovativen Charakter und seiner wegweisenden Bedeutung für die nachfolgenden Generationen gelang Rimpau mit dem "Schlanstedter Roggen" kein großer Durchbruch. Neben der schlechten Bestockungsfähigkeit zeigte dieser einen lockeren Kornsitz, was zu hohem Samenausfall vor der Ernte führte. Dies war bedingt durch die strenge Auslese Rimpaus auf schöne, lange Ähren. Diese befriedigen zwar ästhetische Ansprüche und versprechen zunächst hohen Ertrag. Große Ährenlänge ist bei Roggen jedoch meist mit einer lockeren, hängenden Ähre und schlechtem Kornsitz verbunden. So wird der unerwünschte Kornausfall vor der Ernte durch Wind und Regen begünstigt. Und genau dies waren die Probleme von Rimpaus "Schlanstedter Roggen". Zudem galt diese erste deutsche Zuchtsorte bei Roggen als sehr anspruchsvoll bezüglich Wasser- und Nährstoffversorgung, was sicherlich mit der Lage des Zuchtbetriebs in der Magdeburger Börde zusammenhing. Auf den dortigen sehr fruchtbaren, schweren Böden mit ausreichender Feuchte werden natürlicherweise ganz andere, anspruchsvollere Pflanzentypen selektiert, als auf den typischen "Roggenstandorten", die Sandböden sind, wo Wasser und Nährstoffe bereits zur Blüte zum Mangelfaktor werden können.

W. Rimpau war zwar einer der Ersten, der 1867 in Deutschland mit planmäßiger Getreidezüchtung begann, doch er blieb nicht der einzige. Bereits ein Jahr nach ihm begann im Kloster Hadmersleben Ferdinand Heine mit der Auslese von Weizen. Zu den frühesten Getreidezüchtern gehörten auch Otto Beseler, der seit 1870 in Anderbeck Haferzüchtung betrieb, sowie Besthorn in Beblitz (1870), Breustedt in Schladen, Niedersachsen (1878), und schließlich Ferdinand von Lochow in Petkus, Mark Brandenburg (1881), der durch seine überragenden Erfolge beim Roggen zum "Ahnherr" aller heutigen Sorten werden sollte.

Ferdinand von Lochow übernahm am 1. Juni 1879 das väterliche Rittergut mit rund 1000 Hektar Fläche und hatte gleich eine Menge Schulden. Er mußte nämlich sechs Geschwister auszahlen. Der Gutsbetrieb bestand nur zu einem Drittel aus Ackerland, der Rest waren minderwertige Wiesen und Kiefernwälder. Aber auch die Ackerböden waren nicht vom Feinsten. Es sind heute noch leichte Sandböden, die nur wenig Wasser und Nährstoffe speichern. Da auch der Untergrund aus Kies und Sand besteht und der Grundwasserspiegel für Pflanzenwurzeln unerreichbar tief liegt, sind die angebauten Getreidearten ausschließlich auf die Niederschläge von oben angewiesen. Die sind aber auch noch ungünstig verteilt, so daß eine regelmäßige Vorsommertrockenheit zu großen Ertragsschwankungen führte. Das Klima ist kontinental mit langen, rauhen Wintern. Insgesamt waren dies keine günstigen Voraussetzungen für einen jungen, schuldenbelasteten Erben. Die Legende will es, daß von Lochow durch "die Not der eigenen Wirtschaft, die kärglichen Ernten" zur Verbesserung des Roggens gezwungen gewesen sei. Er selbst schilderte seine Beweggründe wesentlich nüchterner:

> Veranlaßt durch die Beobachtung, daß mein bisher angebauter Roggen, welcher ursprünglich von Pirnaer Roggen abstammte, ... im Halmbau, Ährenbildung und Körnerbildung sehr verschieden war, faßte ich den Entschluß, mir durch Auswahl bester Stauden, Ähren und Körner einen Roggen zu züchten, der für meine Verhältnisse am besten paßte.

Das Zitat verdeutlicht die gute Beobachtungsgabe Ferdinand von Lochows, der aber nicht nur genau hinschaute, sondern auch die richtigen Schlüsse aus dem Gesehenen zog. So legte Lochow im Herbst 1880 in einem Eckchen seines Gartens ein Probe Pirnaer und Probsteier Roggens einzelkornweise in Reihen mit weitem Abstand aus. Im Folgejahr fand er wieder eine erstaunliche Formenmannigfaltigkeit und suchte sich vor der Ernte die besten Pflanzen aus. Dabei ließ er sich von einer Weisheit seines ehemaligen Lehrers Julius Kühn in Halle/Saale leiten: "Wenn Sie etwas züchten wollen, so machen Sie sich zuerst ein Ideal von dem, was Sie züchten wollen, und streben Sie diesem nach. Sie werden es zwar nicht erreichen, dadurch aber, daß Sie demselben nachstreben, werden Sie etwas Tüchtiges leisten."

F. v. Lochow beherzigte diesen Rat und war damit der erste deutsche Züchter, der nicht nur nach der Ausprägung einzelner Pflanzenteile, wie Ährenlänge, Halmlänge usw. selektierte, sondern den gesamten Pflanzentyp berücksichtigte. Dazu überlegte er sich vorher, welche Eigenschaften sein zukünftiger Roggen haben sollte. Er definierte also zuerst seine Zuchtziele, wie man heute sagen würde, und ging bei der Auslese konsequent danach vor. Dieser Grundsatz züchterischen Handels wird noch heute an den Hochschulen gelehrt. Er sollte die Arbeit F.v. Lochows außerordentlich erfolgreich machen. Sein Ziel war ein Roggen

> von mittelstarker Bestockung, Einheitlichkeit der Halme innerhalb einer Pflanze, großer Winterfestigkeit und Widerstandsfähigkeit gegen Pflanzenkrankheiten, festem, geraden, mittellangen Halm... Die Ähre soll mittellang, parallel bis kolbig, voll und dicht besetzt, zur Reifezeit etwas geneigt, ausgeprägt vierkantig sein. Die Korngröße soll mittellang, die Farbe grün bis graugrün und ausgeglichen sein (Fruwirth 1923).

Durch zeitgenössische Fotographien ist diese planmäßige, straff durchgeführte Auslese auf kompakte, ertragreiche Ähren und ihr Erfolg dokumentiert. Alte Fotografien des Winterroggens von F. v. Lochow aus dem Jahre 1895 zeigen eine verhältnismäßig lange, lockere, nach unten geneigte Ähre, ähnlich wie sie auch Rimpau über Jahrzehnte selektierte, und einen ungleichmäßigen Roggenbestand mit durchgebogenen Halmen. Vier Jahre später ist die Ähre bereits deutlich kürzer und weniger geneigt, 1903 hat sich diese Tendenz weiter verstärkt und Bilder von 1908 zeigen eine dicht und gut besetzte, nicht schartige, parallele, fast völlig aufrechtstehende Ähre, die trotz ihrer Kürze eine höhere Kornzahl trägt als die anfängliche lockere, hängende Ähre. Gleichzeitig betrieb v. Lochow damit eine Auslese auf festen Kornsitz, eine Eigenschaft, die die alten Landsorten nur in unbefriedigendem Maße besaßen. Die dichte Stellung der Ährchen zueinander ist in der Regel mit kürzerem, standfesterem Halm verbunden. So zeigt die Abbildung eines

Feldes von 1904 mittellange, aufrechtstehende Halme mit hoher Standfestigkeit. Diese war bisher bei allen Landsorten noch mangelhaft entwickelt. Ein zeitgenössischer Bericht beschreibt sehr anschaulich die Gründe:

> Die zur Züchtung benutzten ersten Pflanzen hatten stark gebogene Halme, an denen oft die Ähre wie ein Fisch an der Angel hing. Es leuchtet ein, daß derartiges Getreide bei stürmischem Wetter sich verwirrt und der Aberntung erheblichen Widerstand entgegensetzt.

Gleichzeitig führte Ferdinand von Lochow als erster Züchter beim Roggen eine Familienauslese ein (ab 1885). Wie er selbst schilderte, wählte er "von den besten Stauden und Ähren die besten Körner zur Elitezucht aus, während die nächstbesten Stauden zur Weiterzucht im freien Felde bestimmt wurden und der Rest ganz verworfen wurde." Dabei wurde im Gegensatz zur Massenselektion Rimpaus nicht einfach das ganze Saatgut aller Elitepflanzen wieder gemischt und gemeinsam ausgesät, sondern Lochow baute das Erntegut der Elitepflanzen getrennt nach Herkunft wieder nach. Dabei bezeichnet man alle Nachkommen einer Mutterpflanze als "Familie" (Abb. 25).

Von den besten Elitepflanzen ließ Lochow 150-200 Körner in einem Abstand von 20 cm x 13 cm von Hand in Reihen auslegen. Er beobachtete die Pflanzen die ganze Vegetation hindurch, selektierte aber erst nach der Blüte. Zur Ernte wurden sie reihen-, d.h. abstammungsweise, aus dem Boden gezogen, gezählt, gebündelt, getrocknet, gewogen und die Strohqualität beurteilt. Bei den besten Nachkommenschaften mit dem höchsten Bruttogewicht erfolgte die weitere Bearbeitung der Pflanzen einzeln. Dabei wurden von jeder Einzelpflanze folgende Merkmale festgestellt: Abstammung, Leistung der Vorfahren, Zahl und Länge der Halme, Form und Beschaffenheit von Halm und Ähre, Kornbesatz, Farbe, Form und Ausgeglichenheit der Körner, Gesamtgewicht der Pflanze, Korn- und Strohgewicht, Korn-/Strohverhältnis, Hundertkorn- und Hektolitergewicht. Die Pflanzen, die dem oben geschilderten Idealtyp entsprachen, bildeten die Elitepflanzen des Folgejahres. Ferdinand von Lochow traf die Entscheidung, welche Pflanzen zur Weiterzucht verwendet wurden, solange er lebte, selbst. Alle Pflanzen des gesamten Betriebes gingen durch seine Hand. Die Familienmitglieder zog er bei der Aufarbeitung mit heran und so saß an den Abenden die Familie gemeinsam mit den Arbeitern um einen Tisch im Wohnzimmer des Gutshauses und rieb die Körner aus den Ähren. Was seine Arbeit anging, kannte Lochow keine

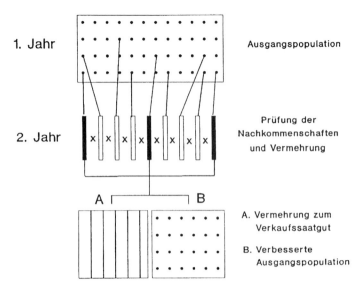

Abb. 25: Familienauslese nach dem Prinzip F. v. Lochows. Es werden Einzelpflanzen selektiert, deren Nachkommen im nächsten Jahr reihenweise angebaut werden, und die Ernte der ausgelesenen Nachkommen (schwarz) ergibt die verbesserte Population. Diese wird zur Sorte vermehrt (A) und als Ausgangsbasis für eine erneute Auslese benutzt (B).

Kompromisse. Jede Pflanze wurde begutachtet und in ihren Eigenschaften schriftlich charakterisiert. Da hieß es dann zum Beispiel über die Körner: "sehr hell und gelblich, sehr gut, sitzen sehr fest, gut, ähnlich Ideal, in jeder Beziehung sehr gut". Seit 1895 wurde über jede geerntete Pflanze genau Buch geführt und die mütterliche Abstammung der Elitepflanzen verzeichnet. Damit gehört F. v. Lochow auch zum Begründer der modernen (Zucht-)Buchführung (Abb. 26). Die Besonderheit der Familienauslese, wie sie Ferdinand von Lochow einführte, bestand darin, daß er erstmals in Deutschland nicht nur die schönsten Ähren aus seinen Elitepflanzen auswählte, sondern die Merkmale der gesamten Pflanze berücksichtigte, seinem Ideal entsprechend. Dadurch werden die Mütter für die nachfolgende Generation stärker selektiert als bei Rimpau, denn **eine** gute Ähre haben viele Einzelpflanzen, daß aber **alle** Ähren und Halme einer Pflanze brauchbar sind, ist schon seltener. Lochow brauchte also eine große Zahl von Einzelpflanzen, um die jeweils

Nr. der Pflanze	Durch-schnitts-länge der Halme cm	Anzahl der Halme	Gewicht der		% Korn vom Ge-samt-ge-wicht	Zahl der Körner	der Körner pro Ähre	Gewicht von 100 Körnern			Bemerkungen
			Pflanze g	Körner g							

Abb. 26: Im Zuchtbuch werden sämtliche wichtigen Eigenschaften der angebauten Pflanzen festgehalten; hier ein Ausschnitt des von Rimpau benutzten Originalformulars.

Besten auszulesen. Seine Sorte hatte so von Anfang an eine breite Basis. Doch das genügte ihm noch nicht. Er prüfte auch die Merkmale, die von den Elitepflanzen weitervererbt wurden, in dem er ihre Nachkommenschaften getrennt anbaute und verglich. Auch hier zog er alle Pflanzen einer Nachkommenschaft zur Beurteilung heran. Nur aus den besten Nachkommen wurden die neuen Elitepflanzen ausgewählt.

Das Verfahren Lochows wurde nach Fruwirth (1908) als "Deutsches Ausleseverfahren" bezeichnet, weil es wohl zu dieser Zeit nirgendwo sonst so straff durchgeführt wurde. Fairerweise ist hier anzumerken, daß Fruwirth international nicht ganz auf dem Laufenden war, denn die grundlegende Bedeutung einer getrennten Aussaat der ausgelesenen Pflanzen zur Beurteilung der Nachkommenschaft hatte schon 1858 der französische Botaniker Vilmorin erkannt ("Individualselektion mit Prüfung der Nachkommenschaft") und unabhängig von Lochow hatte Hopkins in Illinois/USA zur gleichen Zeit bei Mais mit dieser Form der fortgesetzten Auslese zwischen den Nachkommenschaften begonnen. Deshalb heißt diese Methode in den Lehrbüchern auch "Illinois-Methode". Doch das war damals in Deutschland noch nicht bekannt. Deshalb gebührt Ferdinand von Lochow die Ehre, aus eigenem Antrieb und ohne unmittelbares Vorbild das Verfahren entwickelt und erstmals in Deutschland konsequent durchgeführt zu haben. Um die Bedeutung dieser Leistung wirklich schätzen zu können, muß man wissen, daß zu Beginn seiner Arbeit in der Umgebung Lochows viel über den spleenigen Großgrundbesitzer gelacht wurde, der die Roggenkörner einzeln in den Boden seines Hausgartens legte, Einzelpflanzen erntete und tagelang betrachtete. Doch kauften später alle Nachbarn seinen verbesserten Roggen, um auch auf ihren Feldern höhere Erträge zu erzielen.

Trotzdem ist aufgrund heutiger Forschungsergebnisse die Familienauslese in der damals praktizierten Weise ebenfalls als weniger effektiv einzustufen. Es wird auch hier, genau wie bei der Massenauslese, die züchterische Wertigkeit des bestäubenden Vaters (Pollenspender) nicht berücksichtigt, weil die Elitepflanzen von einer unbekannten Pollenwolke bestäubt werden. Trotz bester Auslesemaßnahmen sind deshalb im befruchtenden Pollengemisch auch mittelmäßige oder schlechte Pollen enthalten.

Im Gegensatz zur Massenauslese bietet die Familienauslese jedoch den Vorteil, daß eine Nachkommenschaftsprüfung stattfindet. Damit konnte erstmals auch auf Merkmale ausgelesen werden, die phänotypisch erst in den Nachkommen auftreten. Außerdem kann zwischen den Elite-Nachkommenschaften selektiert und auch die Variation innerhalb der Familie genutzt werden.

Da das gesamte Archiv der Fa. Lochow GmbH einschließlich der ersten handschriftlichen Vermerke Ferdinand von Lochows über die Kriege gerettet werden konnte, haben wir heute eine genaue Vorstellung von den Dimensionen der damaligen Züchtung (Tab. 5). Die Selektionsrate, also der Anteil ausgelesener und weitergeführter Pflanzen relativ zur Anzahl angebauter Pflanzen, blieb dabei über 25 Jahre hinweg praktisch gleich bei 0,7%. Dies spricht für das "züchterische Auge" F. v. Lochows und seiner Nachfolger, denn von der großen Zahl angebauter Pflanzen sind nur wenige wirklich besser in ihren Eigenschaften. Diese sicher herauszufinden, ist das Ziel jeder Züchtungsmaßnahme. Die steigende Anzahl angebauter Pflanzen verdeutlicht auch den zunehmenden Verkaufserfolg des "Original Petkuser Winterroggens". Es mußte immer mehr Saatgut für den Verkauf produziert werden.

Kennzeichnend für die Anfänge der planmäßigen Züchtung ist der enorme Aufwand, der allerorten für die Feststellung und Auslese phänotypischer Merkmale betrieben wurde. Es ist überraschend, wie viel Arbeit alleine in die Erfassung äußerer Merkmale investiert wurde. Hunderttausende von Einzelpflanzen wurden mit heute schier unglaublichem Aufwand, Halm für Halm, akribisch gemessen, gezählt und gewogen. Hier erreichte der naturwissenschaftliche Fortschrittsglaube, daß letzten Endes alles Natürliche auch durch

Tab. 5: **Anzahl angebauter, geernteter und weitergeführter Einzelpflanzen in Petkus von 1895-1920 (nach Peters 1986)**

Zeitraum	Anzahl angebauter Pfl.	davon geerntet	davon selektiert
1895-1900	39.033	476	260
1900-1905	107.200	1.011	715
1905-1910	194.420	1.897	1.283
1910-1915	255.180	2.620	1.701
1915-1920	194.160	4.028	1.314

Zahlen erfaßbar sei, einen Höhepunkt. Typisch dafür war die Auslese im Labor. Alte Bilder zeigen einen großen Raum mit allerlei Schränken, Schaukästen und einfachen Apparaturen zur Zählung, Wägung und Messung. In der Mitte des Raumes stand das Hauptarbeitsgerät des Züchters, ein schwarzer, leicht schräg gestellter Selektionstisch von einigen Metern Länge. Die Einzelpflanzen wurden zur Ernte von Hand ganz aus dem Boden gezogen, ins Labor verbracht und dort nach Stroh- und Korneigenschaften ausgelesen.

Neben seiner konsequenten Auslese auf Pflanzentyp bewirkte F. v. Lochow durch sorgfältige Beobachtung und Anlage von exakten Feldversuchen auch weitere zuchtmethodische Fortschritte. Er bewies als erster durch planmäßige Studien die Vererbbarkeit der Schartigkeit (1899), untersuchte die Erblichkeit von Einzelährengewicht, Bestockungsvermögen und Winterfestigkeit und den Einfluß der Standweite auf den Ertrag. Durch seine Akribie, mit der er die Nachkommen der Elitepflanzen erfaßte und die konsequente Versuchsplanung und -durchführung, die noch heute einem Wissenschaftler Ehre machen würde, setzte er sich an die Spitze der damaligen Roggenzüchter. So bekämpfte er mit exakten Versuchsergebnissen über mehrere Roggengenerationen hinweg die uralte Züchterregel: "Wählt die größten und schwersten Körner, so werdet ihr die höchsten Erträge haben." Denn die alleinige Auslese auf Korngröße bzw. Korngewicht führt gerade bei Roggen automatisch zu einer Anreicherung von schartigen Ähren. Bei diesen Ähren bleiben trotz ausreichendem Pollenangebot aufgrund von Fruchtbarkeitsstörungen eine große Anzahl von Ährchen steril, es entstehen dort keine Körner. Dadurch werden die wenigen vorhandenen Körner größer. Dies wies v. Lochow durch exakte Versuche nach. So fand er bei den schartigen Pflanzen bei gleicher Abstammung ein um 25% höheres Einzelkorngewicht als bei den voll mit Körnern besetzten Pflanzen, während der Gesamtpflanzenertrag bei den lückigen Kandidaten um 10% hinter den fertilen Pflanzen zurückblieb.

Der frühe Beginn und die konsequente Durchführung sowie die überragende Züchterpersönlichkeit F. v. Lochows machten den "Original F. v. Lochows Winterroggen" zur erfolgreichsten deutschen Sorte. Veranlaßt durch die steigende Nachfrage nach seinem Roggen wandte sich F. v. Lochow 1890 an Prof. Liebscher, Göttingen, mit der Bitte, seine Sorte in die Exaktversuche der DLG aufzunehmen. Er war neugierig, was dieser Roggen, der auf so ganz andere Weise entstanden war als die herkömmlichen Sorten, leistete. Das Ergebnis dieses Vergleichsanbaus war sowohl für den Züchter als auch für den Versuchsansteller eine Überraschung. Der "Petkuser" übertraf auf Anhieb alle mitgeprüften Sorten haushoch im Kornertrag (Tab. 6). Der Brief, in dem Liebscher 1893 Ferdinand von Lochow das überragende Ergebnis mitteilte, ist bis heute im Petkuser Archiv erhalten. Die Tabelle zeigt eindrucksvoll die große Überlegenheit des Petkuser Roggens beim Kornertrag. Die starke Verringerung des Strohertrages geht auf die konsequente Auslese Ferdinand von Lochows auf kurze, standfeste Pflanzen zurück. Auch diese, von großer Voraussicht gekennzeichnete Zuchtrichtung, sollte zum überragenden Erfolg seines Roggens beitragen. Denn mit steigenden Düngungsgaben und der zunehmenden Mechanisierung der Ernte erwiesen sich die langstrohigen Sorten später als äußerst nachteilig. Sie legten sich bei ausreichender Nährstoffversorgung schon während der Blüte zu Boden ("Lager") und verstopften mit ihrem langen Stroh die Mähdrescher. Die Ergebnisse des Sortenversuches machen auch deutlich, daß bereits 24 Jahre nach Beginn einer planmäßigen Roggenzüchtung durch W. Rimpau die alten Landsorten ertragsmäßig weit zurücklagen. Auch Rimpaus eigene Sorte ("Schlanstedter") war den neueren Zuchtsorten bereits unterlegen.

Dieses überragende erste Ergebnis des Petkuser Roggens war keine "Eintagsfliege", sondern bestätigte sich auch in den kommenden Jahren. Bei den Anbauversuchen der DLG von 1891 bis 1909, also über nahezu zwanzig Jahre hinweg, belegte dieser Winterroggen im Durchschnitt stets den ersten Platz und gab jeweils einen um 2-3 dt/ha höheren Kornertrag als der Nächstpla-

Tab. 6: Ergebnisse der DLG-Sortenprüfung 1891/92

Sorte	Abweichung vom Mittel[a] (kg/ha)	
	Korn	Stroh
Petkuser	+257	-273
Champagner	+74	+136
Zeeländer	+55	-108
Bestehorns Riesen	+49	+136
Schlanstedter	-12	-112
Göttinger	-48	+150
Pirnaer[b]	-109	+67
Sagnitzer[b]	-178	-19
Oberwarthaer[b]	-268	+202

[a] = Versuchsmittel: 21 dt/ha
[b] = züchterisch kaum (nicht) bearbeitete Landsorte

zierte. Dies führte zu einer außerordentlichen Nachfrage nach dieser Sorte. Bereits um 1908 ist der Petkuser Winterroggen nicht nur die dominierende Sorte in Deutschland, sondern wird auch in Russisch-Polen, Österreich-Ungarn, Holland, Belgien, Dänemark und Schweden angebaut. Um 1925 war im Deutschen Reich bei den Zuchtsorten praktisch nur noch Petkuser Roggen vertreten, wenn man die Saatgutvermehrungsflächen betrachtet: Petkuser Roggen wurde auf 39 700 ha vermehrt, Heines Klosterroggen auf 99 ha und Himmels Champagnerroggen auf 62 ha.

Die starke Nachfrage führte anfangs dazu, daß einige gewitzte Bauern aus der Gegend von Petkus ihre althergebrachten Landsorten als Petkuser Winterroggen verkauften, in der Hoffnung damit vom Boom zu profitieren. Dies veranlaßte F. v. Lochow noch in einem Werbeprospekt von 1921 ausdrücklich darauf hinzuweisen:

> Dieser Roggen, nur allein von mir auf meinem Gute Petkus gezüchtet, wurde früher von mir unter der einfachen Bezeichnung "Petkuser Roggen", seit 1900 nur noch unter der Bezeichnung "Original F. v. Lochows Petkuser Winterroggen" in den Handel gebracht und ist auch durch vorstehendes Warenzeichen

geschützt, um unlauteren Wettbewerb entgegentreten zu können. Bevor ich meine Züchtung begonnen habe, gab es keinen Petkuser Roggen unter dieser Bezeichnung.

Der Hintergrund dieser Bemerkung war aber auch die Tatsache, daß in der Zwischenzeit die Züchterkollegen eine große Zahl von Auslesen aus dem Petkuser Roggen vorgenommen hatten, weil jeder noch schnell auf den fahrenden Zug aufspringen wollte. Diese Auslesen, die häufig kaum verbessert waren, dienten nur dem einen Zweck, die Erfolgssorte unter eigenem Namen und auf eigene Rechnung zu verkaufen. Becker-Dillingen schrieb 1927, daß "die überwiegende Mehrheit aller derzeitigen deutschen Roggenzüchtungen nichts anderes als mehr oder minder modifizierter Petkuser" war. Diese Bemerkung galt jedoch weit über Deutschland hinaus. So ging ein großer Teil der polnischen Sorten aus Kreuzungen mit Petkuser Roggen hervor. Bereits um 1900 wurden die ersten dieser Auslesen als neue Sorten angemeldet. Ähnliches gilt für schwedische und russische Sorten. 1923 stand F. v. Lochows Petkuser Roggen in Sortenprüfungen in Lettland im Ertrag an der Spitze des Sortiments. Diese weite ökologische Anpassung machte den Petkuser Roggen zur "Universalsorte". Selbst in Kanada wurden Kreuzungen mit Petkuser hergestellt und erfolgreich zu neuen Sorten entwickelt. Dabei ging es immer darum, die Großkörnigkeit, Ausgeglichenheit und Ertragsleistung des Petkuser Roggens mit den guten Eigenschaften der bodenständigen Sorten zu vereinigen. Für den Züchter kann es wohl kaum einen besseren Beweis seines Erfolges geben.

Natürlich lockte das auch Nachahmer an und es kam schnell zu den beschriebenen Auswüchsen. Doch Ferdinand v. Lochow war nicht der Mann, der nur in Werbeprospekten gegen den Mißbrauch zu Felde zog. Dazu war er viel zu sehr Kaufmann. Deshalb änderte er um 1900 nicht nur den Namen seiner Sorte, sondern baute auch ein gut funktionierendes regionales Vermehrungssystem auf, das gleichzeitig für den Vertrieb sorgte. Dabei arbeitete er so effektiv, daß ab 1903 bereits die Ernte der dritten Vermehrung der im Zuchtgarten ausgelegten Elitepflanzen zum Landwirt kam.

Die Vermehrung einer verbesserten Population ist die nach der Züchtung folgende Stufe der Sortenproduktion. Dabei sollen sich die Eigenschaften der selektierten Pflanzen möglichst nicht mehr verschlechtern. Dabei verwendete F. v. Lochow jeweils die besten selektierten Nachkommen zur weiteren

Züchtung, während das Erntegut der zweitbesten Nachkommenschaften ("Zweite Sorte") als Vorstufensaatgut vermehrt wird. So läuft die Züchtung in einem zweijährigen Zyklus ab: Auslese der besten Einzelpflanzen, Prüfung der Nachkommen, Auslese der besten Einzelpflanzen usw. (s. Abb. 25). Da die sogenannte "Zweite Sorte" auf die besten Nachkommen des vorigen Zyklus zurückgeht, wird der Zuchtfortschritt unmittelbar an die Sortenvermehrung weitergegeben. Bis dieses Saatgut zu den Landwirten kommt, dauert es nach dem Verfahren F. v. Lochows insgesamt vier Jahre.

Die erste Vermehrung der Zuchtgartenelite, das sog. Vorstufensaatgut, erfolgte noch im Zuchtbetrieb selbst, die zweite Vermehrung (=Basissaatgut) wurde auf fünf benachbarten Gütern vorgenommen und deren Ernte für die Produktion von "Originalsaat" (=Z-Saatgut-Produktion) an rund 80 Vermehrer in allen Teilen Deutschlands geschickt (Abb. 27). Dabei handelte es sich um Großbauern, meist Gutsbesitzer oder Domänenpächter, die für das Vermehrungssaatgut einen deutlich erhöhten Preis erhielten, sich aber auch strengen Qualitätskontrollen unterwerfen mußten. Diese hohen Qualitäts- und Reinheitsanforderungen trugen zu dem jahrzehntelangen Erfolg des Petkuser Winterroggens bei. Bei anderen Züchtern dieser Zeit war es durchaus üblich, erst die vierte bis fünfte Vermehrungsstufe zu verkaufen. Damit hatte F. v. Lochow bereits um die Jahrhundertwende eine Saatgutproduktion aufgebaut, deren Stand noch heute den gesetzlichen Ansprüchen genügt (Abb. 27).

Angeregt durch seine Erfolge bei Winterroggen begann F. v. Lochow 1895 mit der Züchtung von Sommerroggen. Dieser wird erst im März ausgesät und kommt bereits im Sommer desselben Jahres zur Reife (August/September). Der große Unterschied zwischen Winter- und Sommerform besteht darin, daß Winterroggen nicht nur Eis und Frost überleben kann, sondern daß er ein gewisses Maß an Kälte sogar braucht, um zum Schossen und Blühen zu kommen. Man nennt dies Vernalisation. Im Mai ausgesäter Winterroggen wird deshalb kaum Ähren bilden, niedrig und grün bleiben. F. v. Lochow mußte sich deshalb Formen suchen, die auch ohne diesen Kältereiz Frucht tragen und überdies sehr schnell blühen und abreifen, damit im Spätsommer das Feld wieder bearbeitet werden kann. Dazu hatte er sich ein raffiniertes Verfahren unter Ausnutzung der natürlichen Auslese ausgedacht. Er legte im März eine Partie Körner seines Winterroggens im Zuchtgarten aus. Die

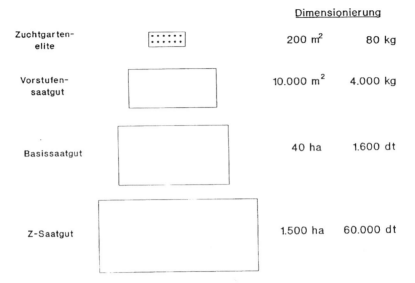

Abb. 27: Erhaltungszüchtung ist in erster Linie eine organisatorische und kaufmännische Leistung. Das Zuchtprodukt muß ohne negative Veränderung von den wenigen Gramm aus dem Zuchtgarten bis zu Tausenden von Tonnen für die Landwirte vermehrt werden. Das Beispiel zeigt die Dimensionierung der Erhaltungszüchtung für eine erfolgreiche Populationssorte. Die als Z-Saatgut geerntete Menge genügt für die Bestellung einer Fläche von rund 50.000 ha, das entspricht knapp 10 % der gesamten Roggenanbaufläche in Deutschland C1 ha= 10.000 m^2, 1 dt = 100 kg).

meisten Pflanzen bildeten aufgrund der fehlenden Vernalisation keine Ähren, einige der ausgesäten Körner brachten jedoch noch voll ausreifende Pflanzen. Diese bestäubten sich gegenseitig und die neu entstandene Population säte F. v. Lochow jedes Jahr etwas später aus. Ansonsten selektierte er sie nach denselben Kriterien wie den Winterroggen. So erhielt v. Lochow "automatisch" Sommerformen und besaß bereits nach zehn Generationen 1905 eine verkaufsfähige Population. Die Vegetationszeit des Sommerroggens wurde durch diese Auslese so stark verkürzt, daß selbst nach der Ernte in der Stoppel aufgegangenes Ausfallgetreide rasch schoßte und noch im Herbst wieder Körner ansetzte.

Diese Ausnutzung der natürlichen Auslese war F. v. Lochow deshalb so einfach und schnell möglich, da in Roggenpopulationen sowohl Winter- als auch Sommerformen vorhanden sind. Dies zeigt sich auch heute noch bei sehr später Frühjahrsaussaat von Winterroggen. Hier treten vollständig geschoßte Sommerformen neben schwach schossenden Übergangsformen und echten, während des Sommers nicht schossenden Winterformen auf. Diese Spaltung bezüglich des Vernalisationsbedarfes ergibt sich aus dem dominanten Erbgang der Sommerform. Durch ständige Frühjahrsaussaat werden die durch Rekombination entstehenden homozygoten Wintertypen jeweils wieder ausgemerzt.

Die Heterogenität des Roggens bezüglich der Winter- und Sommerform ist ein Erbe aus seiner vorderasiatischen Heimat. Bei den dort vorkommenden Primitivroggen-Populationen läßt sich heute noch zeigen, daß mit zunehmender Meereshöhe die Häufigkeit der Winterformen zunimmt. Es handelt sich also um eine perfekte Anpassung an die Umwelt (s. Kapitel 6).

Das Ertragsniveau von "Original F. v. Lochows Sommerroggen" war relativ zur Winterung hoch. Dazu muß man wissen, daß Sommerformen unserer Getreide im allgemeinen weniger Ertrag bringen als Winterformen, da die Wachstumszeit kürzer ist, die ertragsbildenden Prozesse schneller ablaufen müssen und das Witterungsrisiko höher ist. Bei Trockenheit im Frühsommer können die Sommerformen völlig ausfallen, während die dann schon weiter entwickelten Winterformen geringere Ertragseinbußen zeigen. Trotzdem wird berichtet, daß die Sommerung unter günstigen Witterungsverhältnissen zum Teil höhere Erträge brachte als der Winterroggen in ungünstigen Jahren. Dabei behielt F. v. Lochows Sommerroggen eine hohe Winterfestigkeit bei, die noch heute die Winterhärte unserer Wintergerste übertrifft.

Massenauslese und Familienauslese blieben bis in die 20er Jahre unseres Jahrhunderts die dominierenden Zuchtverfahren des Roggens. Trotz des relativ bescheidenen Ausleseserfolges, der mit beiden Methoden verbunden ist, gelang eine beachtliche Ertragssteigerung gegenüber den alten Landsorten. Dies war einmal durch das sehr geringe Ertragsniveau der Landsorten bedingt. Hier führte auch der Einsatz wenig effektiver Methoden zunächst zu deutlich sichtbarem Zuchterfolg. Zum anderen bewirkte die Auslese eine starke Verminderung der Schartigkeit, mit der alte Landroggen natürlicherweise behaftet waren. Zum ersten Mal in der Geschichte der Pflanzenzüchtung wurde eine Population vollständig und jährlich wiederkehrend selektiert. Bei den bisherigen Landsorten blieb eine solche Auslese weitgehend der Fähigkeit jedes einzelnen Bauern und damit dem Zufall überlassen. Ferdinand von Lochow hatte darüber hinaus das Glück, als Ausgangspunkt für seine Züchtung zufällig zwei Populationen des Roggens ausgewählt zu haben, die besonders gut miteinander kombinierten und deshalb überdurchschnittliche Nachkommen hervorbrachten. Die intensive Auslese mit Selektionsraten von unter 1% trug ebenfalls zum Erfolg dieser Methoden bei.

Doch nicht nur die Erhöhung der genetischen Leistungsfähigkeit bedingte den starken Ertragsanstieg der Zuchtsorten, sondern auch die verbesserte Saatgutproduktion und Saatgutreinigung. Die Aufmerksamkeit wurde nun gezielt auf die Saatgutqualität als Voraussetzung für die Erreichung von hohen Erträgen gelenkt. So war der gute Ruf des Probsteier Roggens und sein relativ höherer Leistungsstandard, der in Form des Petkuser Winterroggens als Ausgangspunkt für die gesamte Roggenzüchtung Mitteleuropas diente, vor allem durch den erhöhten Aufwand bei der Saatgutproduktion begründet. Bereits um 1850 begann die "Klösterlich Preetzer Probstei" nordöstlich von Kiel, mit gezielter Saatgutproduktion der dort vorhandenen Landsorten von Roggen und Hafer. Dabei wurde nur wenig Züchtung betrieben, aber das Saatgut auf besonders geeigneten Flächen vermehrt, gereinigt und sortiert. In alten Zeiten erfolgte die Sortierung durch das Werfen mit der Hand, später durch Zentrifugen und Windsortierer. Die Reinigung wurde mit Staubmühle und Windfege, später durch Trieure und Trommelsiebe vorgenommen. Ein Berichterstatter aus dem Jahre 1910 rühmt die Probsteier Saatgutgewinnung mit dem Hinweis, daß die damals gefährlichen Unkräuter Kornrade und Roggentrespe, die mit dem Saatgut verbreitet wurden, bereits seit 50 Jahren nicht mehr auf den dortigen Flächen erschienen seien.

Und noch eine wesentliche Verbesserung blieb den Züchtern alter Schule vorbehalten: Die Nachkommenschaftsprüfung in größeren Parzellen. Der Sohn des Amtsrates Rimpau führte nach dessen Tod 1903 die Firma weiter und entwickelte die Grundlage zum heutigen modernen System der mehrortigen Leistungsprüfungen, um "Lagersicherheit, Rostempfänglichkeit und andere Eigenschaften, die man beim Individuum nicht beurteilen kann, besser prüfen zu können". Dazu legte er einen zweiten Zuchtgarten auf seinem Gut Langenstein auf sandigen Böden an.

Das Prinzip ist bis heute unverändert geblieben und allgemein als "Leistungsprüfung" bekannt (Abb.28). In der Leistungsprüfung werden die Genotypen erstmals in größeren Parzellen auf ihre Eigenschaften hin überprüft. Sie findet meist auf Flächen von 5-10 m^2 je Parzelle statt, wobei der Anbau zu denselben Bedingungen wie in der normalen Landwirtschaft erfolgt. Zusätzlich wird die Leistungsprüfung auf drei bis fünf Orten angelegt, um die Fähigkeit der Sorte zur Anpassung an unterschiedliche Böden und Witterung, sowie ihre Krankheitsresistenz unter natürlichen Wachstumsbedingungen zu prüfen. In der Leistungsprüfung werden Hunderte von Genotypen im Hinblick auf Ertragsfähigkeit, Standfestigkeit, Krankheitsresistenz und Qualität untersucht. Die besten von ihnen kommen in den darauffolgenden Jahren in eine weitere Leistungsprüfung, die die Ergebnisse des ersten Jahres unterstützen soll und die Sicherheit der Auslese erhöht. Solche mehrjährigen Prüfungen sind auch deshalb nötig, da jedes Jahr andere Wachstums- und Witterungsbedingungen bietet und die Genotypen sich unter allen normalerweise vorkommenden Bedingungen bewähren müssen.

Eine weitere Eigenschaft, die mehrortige Prüfungen erfordert, ist die Auswuchsfestigkeit, die durch die besondere Art der Ernte dringend notwendig war. Seit der Verbreitung des Roggenanbaus im frühen Mittelalter hatte sich die Erntetechnik praktisch nicht verändert. Sie war auch Anfang dieses Jahrhunderts noch arbeitsaufwendig und zeitraubend. Das Getreide wurde mit Sichel oder Sense während der Teigreife geschnitten, zu Garben zusammengebunden, gebündelt und zum Trocknen auf dem Feld aufgestellt. Die Länge der Trockenzeit war natürlich von der Witterung abhängig. In feuchten Jahren stand der Roggen häufig von Anfang August bis Anfang September auf dem Feld. Wenn es in der Zwischenzeit häufiger Gewitter gab oder die Luftfeuchtigkeit über Tage hinweg hoch war, kam es zum Auskeimen der Körner noch auf der Ähre. Dies führt zu einer starken Verminderung der Backfähigkeit bis zu ihrem völligen Verlust. Das Brot wird dann trotz Sauerteiggärung nicht mehr in die Höhe getrieben und bleibt niedrig und fest. Die alten Landsorten unterschieden sich - entsprechend ihren Aufwuchsbedingungen - stark. So berichtet Laube von einer Landsorte aus dem Schwarzwald, die in einem Jahr nur 8,2% Auswuchs zeigte, während ein Schweizer Bergroggen unter denselben Bedingungen mit 40,4% Auswuchs das Schlußlicht bildete. Je nach der Wahl der Ausgangspopulation mußten die Züchter also mehr oder weniger intensiv auf Auswuchsfestigkeit züchten.

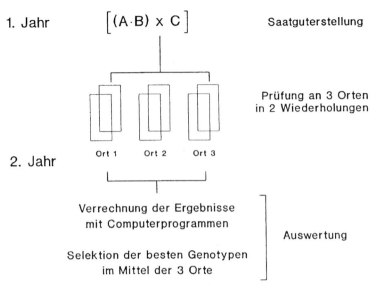

Abb. 28: **Prinzip einer Leistungsprüfung. Nach der Saatguterstellung im ersten Jahr, im Beispiel durch gezielte Kreuzung ausgelesener Roggenformen [(A · B) x C], werden die erzeugten Körner im folgenden Jahr an drei Orten in zwei Wiederholungen ausgesät. Die Eigenschaften der Nachkommen werden beobachtet und der Kornertrag exakt festgestellt. Nach der Ernte erfolgt die Auswertung der Ergebnisse mit Computerprogrammen und die Auslese der besten Nachkommen.**

Besonders die Populationen aus den sommertrockenen Gebieten litten in fremder Umgebung naturgemäß stark unter Auswuchs.

Über die Erfolge der frühen Züchtungsarbeit und die Fortschritte bei der Produktionstechnik legen überlieferte Ertragszahlen Zeugnis ab. Die folgende Tabelle 7 ist vor allem deshalb interessant, weil ihre Daten bis in die Zeit der Verwendung alter Landsorten zurückgehen.

Die Tabelle verdeutlicht den damals geringen Abstand in den Erträgen von Roggen und Weizen. Ein Schwachpunkt der Weizensorten war nach wie vor die unzureichende Winterhärte. So erfor noch 1907 der Winterweizen in den Ostgebieten Deutschlands zu einem großen Teil, während der Roggen dort

Tab. 7: **Durchschnittliche Ernteerträge von Roggen und Weizen im Zeitraum von 1860 bis 1909**

Zeitraum	Roggen	Weizen
1860-69	18,9	21,6
1870-79	19,2	24,5
1880-89	24,0	26,9 *
1890-99	25,7	31,2
1900-09	28,6	29,1

* Ab 1880 Mittel aus Sommer- und Winterform

einen Spitzenertrag von 30,8 dt/ha drosch. Übrigens sind diese Erträge der Tabelle 7 keine Durchschnittserträge des Deutschen Reiches, sondern Angaben aus den Annalen einer 500 ha großen Domäne im Bereich der Magdeburger Börde und zeigen die damaligen Spitzenleistungen unter Praxisbedingungen. Die Getreideerträge, gemittelt über das gesamte Deutsche Reich, lagen wesentlich niedriger. Sie betrugen 1889 13,4 dt/ha und steigerten sich bis zum Jahr 1912 auf 19,6 dt/ha.

Der Ertragsfortschritt bei Roggen ab 1880 (Tab. 7), der sich in den Folgejahren kontinuierlich fortsetzte, bezeichnet die ersten Züchtungserfolge und die zunehmende Anwendung mineralischen Düngers. Diese Ertragssteigerung begann schon zu Beginn des 19. Jahrhunderts im Zuge der Entwicklung der modernen Landtechnik und setzte sich Mitte des Jahrhunderts durch die erwähnten Neuerungen fort. Von 1800 bis 1900 sind die Erträge bei Roggen um rund das Doppelte gestiegen. In diese Zeit fällt auch die Umwandlung Deutschlands vom Agrar- zum Industriestaat. Arbeiteten zu Beginn des 19. Jahrhunderts noch 75% der deutschen Bevölkerung in der Landwirtschaft, so waren es kurz vor dem Ersten Weltkrieg nur noch etwa 25%. Von 1815 bis 1895 verdoppelte sich dabei infolge verminderter Sterblichkeit die Gesamtbevölkerung Deutschlands. Deren Ernährung wäre ohne die gleichzeitig erfolgende Intensivierung der Landwirtschaft und die damit verbundenen steigenden Erträge beim Brotgetreide nicht möglich gewesen. Insgesamt hatte sich die agrarische Erzeugung je Hektar landwirtschaftliche Nutzfläche von 1800 bis 1900 etwa verdreifacht, bis 1913 nahezu vervierfacht. Ein großer Anteil dieses Ertragsanstiegs, man schätzt heute etwa 40%, wurde durch die Pflanzenzüchtung ermöglicht.

Es war W. Rimpau und F. v. Lochow bereits nach wenigen Jahrzehnten planmäßiger Züchtung gelungen, auch mit ihren einfachen Auslesemethoden eine erhebliche Steigerung des Roggenertrages zu erreichen. So ist es nicht verwunderlich, daß die wissenschaftliche Pflanzenzüchtung auf den Erfahrungen der praktischen Landwirte, die sich intensiv mit der Verbesserung ihrer Sorten beschäftigten, aufbaute. Damals erarbeiteten die Praktiker aus Erfahrungswerten und genauer Beobachtung Zuchtschemata, deren Funktionieren die Wissenschaft hinterher versuchte, zu erklären. Deshalb schrieb v. Rümker, Professor für Pflanzenzüchtung in Göttingen, 1896 bezüglich des Petkuser Roggens: "Dieser Roggen ist auch zuerst nach rein praktischen Gesichtspunkten gezüchtet worden, ohne morphologische Spekulationen, nachher erst kam die Wissenschaft und untersuchte die Gründe, warum er eine solche Überlegenheit über andere Sorten gewinnen konnte".

Dieses Zitat dokumentiert gleichzeitig den damaligen Stand der wissenschaftlichen Züchtungsforschung. Sie entwickelte sich bei Roggen erst Ende des 19. Jahrhunderts in Halle a. d. Saale, Hohenheim und Breslau. Deshalb waren die ersten praktischen Roggenzüchter, wie W. Rimpau und F. v. Lochow, auf ihre eigenen Beobachtungen, Erfahrungen und Versuche angewiesen. Um so höher ist ihre Pionierleistung einzuschätzen. Damit verbunden war allerdings ein enormes Beharrungsvermögen bei den einmal entwickelten Methoden. Dem neuen Jahrhundert sollte es vorbehalten bleiben, durch die Einführung einer gezielten Befruchtungslenkung die Effektivität der Züchtung gerade bei Roggen auf ein höheres Niveau zu heben.

"An ihren Früchten sollt ihr sie erkennen" - Die Technik der gezielten Bestäubungslenkung

Zu Beginn des 20. Jahrhunderts war die Roggenzüchtung in Schwung gekommen. Die erste erfolgreiche Sorte von F. v. Lochow zeigte, daß auch bei den schwierigen Fremdbefruchtern mit durchdachten Plänen und konsequenter Zuchtarbeit Erfolge erzielt werden konnten. Das Interesse für Roggen war immer noch sehr groß. Er nahm rund ein Viertel der gesamten Ackerfläche des Deutschen Reiches ein. Und wenn auch der Saatgutwechsel nicht so verbreitet war und "Originalsaat" vom Züchter höchstens alle paar Jahre mal gekauft wurde, so konnte man mit einer guten Roggensorte allein aufgrund der großen Anbaufläche gut verdienen. Trotz der Überlegenheit des Petkuser Winterroggens gab es damals noch eine große Vielfalt verschiedener Sortentypen, von denen die wichtigsten kurz erwähnt werden sollen.

Perennierender Roggen stammte direkt von dem ausdauernden Bergroggen (*Secale montanum*) ab; er konnte mehrjährig angebaut und als Grünfutter geschnitten werden, wie es heute noch bei Futtergräsern üblich ist. Er hatte aber nur als extensive Kulturart in den südrussischen Ebenen Bedeutung. Aus Kreuzung von Kulturroggen mit Bergroggen ging der Staudenroggen hervor. Obwohl er nicht mehr völlig ausdauernd ist, kann er für mehrere Nutzungen verwendet werden. Der sogenannte Johannisroggen wurde in Deutschland traditionellerweise am 24. Juni (Johannistag) ausgesät, konnte bis zum Winter zwei- bis dreimal durch Schafe beweidet werden und ergab im darauffolgenden Sommer eine bescheidene Kornernte. Die Stoppeln schlugen dann nochmals aus und dienten bis zur Aussaat einer anderen Frucht wiederum als Schafweide.

Landsorten sind ökologisch an ein bestimmtes Gebiet angepaßte Populationen, die bei großer Ertragssicherheit einen nur relativ geringen Kornertrag ergaben. Ihre Vorteile waren neben der Ertragstreue auch Frühreife und Widerstandsfähigkeit gegen häufig vorkommende Krankheiten. Ihre Nachteile bestanden in ihrer Schartigkeit, hohen Lagerneigung und Anfälligkeit gegen bestimmte Krankheiten. Um die Jahrhundertwende waren noch zahlreiche Landsorten verbreitet, gleichzeitig gewannen aber die Zuchtsorten immer mehr Oberhand.

Als Zuchtsorten galten damals alle Roggen, die in irgendeiner Form züchterisch bearbeitet wurden und sei es nur durch einmalige Massenauslese. Sie brachten einen Ertragsfortschritt gegenüber den Landsorten, waren aber durch die einseitige Selektion im Durchschnitt spätreifer als diese. Der Aufschwung der deutschen Roggenzüchtung findet sich in der Vielzahl der verbreiteten Sorten um 1910 wieder. Analysiert man die Herkunft der Sorten genauer, so ergeben sich im wesentlichen die in Abbildung 29 dargestellten sechs Hauptlinien. Die erste stellte den französischen Staudenroggen dar, aus dem die Sorten mit dem Namenszusatz "Champagner"-Roggen entwickelt wurden. Offensichtlich war der Champagner für die ostdeutschen Großgrundbesitzer der Inbegriff Frankreichs schlechthin. Diese Sorte zeichnete sich durch frühe Jugendentwicklung und Frühreife, aber mangelnde Winterfestigkeit und Kälteresistenz aus. Der zweiten Linie, dem sächsischen Landroggen, entstammte der Pirnaer Roggen, der zusammen mit dem Probsteier Roggen zum berühmten Petkuser Roggen führte. Der Probsteier Roggen wurde auch von W. Rimpau als Ausgangspunkt für seine Züchtung des "Schlanstedter Roggens" genommen; es muß also eine damals weit verbreitete und überlegene Population gewesen sein. Die vierte Linie bilden die Niederösterreichischen Landsorten. Von ihnen sind einige an die extremen Witterungsbedingungen der Voralpen angepaßt, andere zeigen eine erstaunliche Widerstandsfähigkeit gegenüber den trocken-heißen Sommern der Pannonischen Steppen. Zur fünften Linie gehören die schwedischen und finnischen Landsorten, die neben ihrer hohen Winterfestigkeit besonders gut an die im Norden herrschenden kurzen Vegetationsperioden angepaßt sind. Von der sechsten Linie, den holländischen Landsorten, ist vor allem der Zeeländer Roggen für viele Auslesen auch in Deutschland benutzt worden.

Von keiner anderen Sorte gibt es jedoch so viele Nachkömmlinge wie vom Petkuser Roggen (Abb. 30). Deshalb gehen trotz der einstmals vorhandenen Vielfalt nahezu alle heute noch bestehenden mitteleuropäischen Populationssorten auf den Sächsischen Landroggen, in Form des Pirnaer Roggens, und auf den Probsteier Roggen zurück. So entstanden bis etwa 1925 mindestens 23 inländische und 9 ausländische Roggensorten direkt als Auslesen aus dem Petkuser Roggen. Und bis zur selben Zeit sind zusätzlich 29 Sorten namentlich bekannt, für deren Herstellung Petkuser Roggen als Kreuzungspartner verwendet wurde. Insgesamt ergeben sich bis heute sicherlich rund 100 verschiedene europäische Roggensorten, die mehr oder weniger direkt dem

Lebenswerk Ferdinand von Lochows entstammen. Es ist eine einmalige Erfolgsbilanz und höchste Ehre für einen Züchter, so lange über seinen Tod hinaus durch seine Sorten zu wirken.

Ausgangspopulation	Zuchtsorten (Beispiele)
Französischer Staudenroggen	Himmels Deut. Champagnerroggen (1886) Jägers Norddt. Champagnerroggen (1896)
Sächsischer Landroggen	Saale-Roggen (1911) Pirnaer Roggen
	Petkuser R. (1887)
Probsteier Landroggen	
	Schlanstedter Roggen (1867)
Niederöster. Landsorten	Marchfelder Roggen (1925) Tyrnauer Roggen
Skandinavische Landsorten	Prof.-Heinrich-Roggen (1880) Brandts Marien Roggen (1908)
Holländische Landsorten	Heines Zeeländer Roggen (1867) Heines Klosterroggen Mettes Zeeländer Roggen (1852)

Abb. 29: Stammbaum europäischer Roggensorten (stark vereinfacht, es werden nur beispielhaft einige der wichtigsten Sorten genannt).

Demnach kann die Bedeutung des Petkuser Winterroggens gar nicht überschätzt werden. Seine zunehmende Verbreitung sorgte zusätzlich für eine "unterschwellige" Verbesserung der herkömmlichen Landsorten. Durch die Fremdbefruchtung und gute Flugeigenschaft des Roggenpollens genügt es, wenn wenige, gleichmäßig verteilte Prozent der Anbaufläche mit Petkuser Roggen bestellt sind, um das genetische Material in alle bestehenden Sorten, gleich ob Land- oder Zuchtsorten, einzukreuzen.

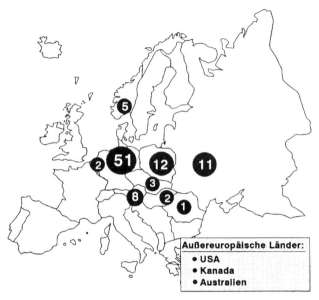

Abb. 30: Abkömmlinge des Petkuser Roggens sind in vielen europäischen und einigen außereuropäischen Ländern zu finden (nach Daten von Peters, 1986, für den Zeitraum 1913 - 1970).

Mit der intensiven Zuchtarbeit bei Roggen wurde gleichzeitig die genetische Basis gegenüber den Landsorten eingeschränkt. Die Ursache dafür liegt in der alten Volksweisheit "Das Bessere ist des Guten Feind" begründet. Sobald sich eine Sorte den anderen als deutlich überlegen erweist, will sie natürlich jeder anbauen, um vom Mehrertrag zu profitieren. Damit steigt die Nachfrage, was sich in erhöhten Anstrengungen zur Erhaltung und Verbesserung der Sorte bemerkbar macht. Gerade beim Fremdbefruchter Roggen, der immer in Populationen mit einer Vielzahl unterschiedlicher Genotypen vorliegt, kann durch gezielte Selektion direkt aus einer alten Sorte eine neue, verbesserte Population entwickelt werden. Hier zahlt sich eine intensive Verbesserung schon anerkannter Sorten aus. So wurde der Petkuser Winterroggen zur führenden Population Mitteleuropas und verdrängte alle anderen, weniger ertragreichen Sorten, einschließlich der alten Landsorten.

Alle bis 1920 gezüchteten Sorten wurden durch eine der bereits geschilderten Methoden entwickelt. Eine effektivere Zuchtmethodik sowie eine exakte

Züchtungsforschung entwickelten sich beim Roggen im Vergleich zu anderen Getreidearten erst relativ spät. Beides setzt nämlich eine gezielte Steuerung der Bestäubung voraus, damit die mütterlichen **und** väterlichen Eigenschaften der Selektion unterliegen. Beim Roggen sitzen jedoch beide Geschlechtsorgane gemeinsam in einer winzigen Blüte, so daß eine perfekte Bestäubungslenkung wesentlich schwieriger ist als bei vielen anderen Fremdbefruchtern.

Beim Mais etwa, wo die männliche und die weibliche Blüte ebenfalls an derselben Pflanze sitzen, sind sie immerhin räumlich voneinander getrennt (Fahne und Kolben). Deshalb ist die kontrollierte Bestäubung durch mechanisches Entfernen des männlichen Blütenstandes ("Entfahnen") mit geringem technischen Aufwand möglich und es können großflächig gezielte Kreuzungen vorgenommen werden. Bei den mehrjährigen Futtergräsern kann die Selektion im ersten Jahr durchgeführt und die Bestäubung im nächsten Jahr durch Zusammenpflanzen der gewünschten Partner leicht gelenkt werden. Diese Methoden sind beim einjährigen Roggen mit seiner zwittrigen Blüte nicht möglich. Zudem treten viele züchterisch interessanten Eigenschaften, wie Ährenlänge, Kornertrag, Auswuchs- und Lagerfestigkeit erst nach der Blüte zu Tage, wenn die Bestäubung vorbei ist und die genetische Ausstattung der Elitepflanzen bereits wieder von Pollen unbekannter Eigenschaft "verdünnt" wurde. Deshalb können beim Roggen nur Züchtungsmethoden mit Bestäubungslenkung die Effizienz der Züchtung erhöhen. In der Theorie war dies schon zu Anfang des Jahrhunderts durch die Forschungen deutscher und schwedischer Wissenschaftler bewiesen.

So untersuchte in Schweden Heribert-Nilsson die Faktoren, die eine Fremdeinstäubung aus Nachbarschlägen bedingen. Neben dem Einfluß von Blühzeitpunkt, Entfernung, Witterung, Windrichtung und Windstärke fand er vor allem die Pollenkonzentration als entscheidenden Faktor. Einzelne alleinstehende Roggenpflanzen können ohne weitere Isolierung praktisch nicht vor Fremdbefruchtung geschützt werden. Standen sie in einer Entfernung von 6m zu einer 3500 m^2 großen Parzelle, so betrug die Fremdeinstäubung 53%, wie Heribert-Nilsson herausfand. Handelte es sich aber nicht um Einzelpflanzen, sondern um einen kleinen Bestand aus 20 Roggenpflanzen, die eng beieinander standen, sank die Fremdbestäubung unter ansonsten gleichen Bedingungen auf 37%. Innerhalb den kleinen Population ist die eigene Pollenkonzentration höher als bei Einzelpflanzen, so daß fremder Pollen eine geringere Chance zur Befruchtung hat. Aus diesen Erkenntnissen entwickelte Heribert-Nilsson seine "Separierungszüchtung" (Abb. 31). Dabei werden selektierte Familien parzellenweise in großen Feldschlägen anderer Getreide angebaut. Es genügt dann eine gegenseitig Entfernung der Roggenparzellen von 50 m, um praktisch nur noch eine Befruchtung innerhalb der Roggenfamilien zu erhalten. Diese Methode war geschickt durchdacht. Die selektierten Formen wurden isoliert vermehrt, erneut intensiv getestet und die jeweils besten 5-10% der Kandidaten blühten unter isolierten Bedingungen gemeinsam ab. Dadurch entstand eine neue, verbesserte Population. Dabei konnte der Züchter erstmals selbst entscheiden, welche männlichen und weiblichen Erbanlagen in seine Sorte eingehen. Das Produkt dieser Art von Züchtung wird heute "Synthetische Sorte" genannt, weil alle Erbkomponenten erst einzeln geprüft und dann nach ihren Leistungsergebnissen gezielt zusammengestellt, "synthetisiert", werden. Da Heribert-Nilsson erstmals in der Roggenzüchtung beide Eltern vor der Zusammenstellung der Sorte getrennt prüfte, verdoppelte sich der Selektionserfolg gegenüber der Massen- und Familienauslese. Doch so richtungsweisend seine Vorschläge auch waren, sie scheiterten daran, daß für die Isolierung einer großen Zahl von Prüfkandidaten (Familien) einfach zuviel Platz und Arbeitsaufwand benötigt wird. Für züchterische Zwecke wären mindestens 400 - 600 Familien pro Jahr zu separieren, das entspricht einer Fläche von rund 25 bis 60 ha allein für die Vermehrung. Deshalb blieb der Durchbruch bei der Bestäubungslenkung einer andere Methode und einem anderen Wissenschaftler überlassen. Die gute Idee allein genügt eben in der Züchtungsforschung nicht, die Praktikabilität spielt eine entscheidende Rolle.

In Deutschland widmete sich vor allem Theodor Roemer in Halle/Saale Problemen der Bestäubung. Er führte einen klassischen Modellversuch durch, der so klar und einleuchtend ist, daß er hier kurz geschildert werden soll (Abb. 32). Roemer legte um eine 4 x 4 m^2 große Parzelle Petkuser Roggens nach allen vier Himmelsrichtungen je 15 Drillreihen mit einer Sorte an, bei der eine Fremdbefruchtung sofort erkennbar ist. Die für jede Reihe getrennt durchgeführte Auszählung der Fremdeinstäubung zeigte den Einfluß von Windrichtung und Entfernung von der Pollenquelle auf die Verbreitung des Pollens.

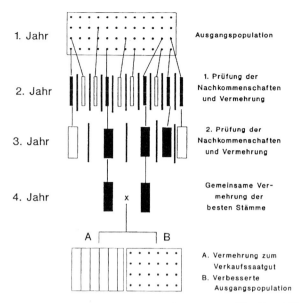

Abb. 31: **Prinzip der Separierungszüchtung von Heribert-Nilson.** Aus der Ausgangspopulation werden Einzelpflanzen ausgelesen und ihre Nachkommen räumlich getrennt vermehrt und geprüft. Nach weiterer isolierter Vermehrung und mehrjährigen Prüfungen werden die besten Nachkommenschaften (schwarz) zur verbesserten Sorte gekreuzt (A) und als Ausgangsbasis für eine erneute Auslese benutzt (B).

Der Trick dieser Versuche von Heribert-Nilsson und Roemer bestand in der Verwendung von Indikatorsorten mit leicht erkennbaren rezessiven Merkmalen. Der Schwede entwickelte eigens dafür eine Roggenpopulation mit rein grünem, unbereiftem Blatt ("Grasroggen"). Erfolgt eine Fremdeinstäubung, dann wird dieses Merkmal heterozygot und verschwindet phänotypisch. Um Fremdeinstäubungen zu erkennen, baute Heribert-Nilsson seine Versuchspflanzen im nächsten Jahr erneut an und zählte den Anteil grasgrüner Roggenpflanzen aus. Roemer verwendete dagegen eine holländische Sorte mit hellgelbem Korn ohne Anthozyanfärbung von Kornschale und Koleoptile ("Hellkorn"). Dies ist noch eleganter als das schwedische Verfahren: Bei Hellkorn-Roggen wird aufgrund des direkten väterlichen Einflusses auf die Kornfarbe ("Xenieneffekt") eine Fremdbefruchtung durch Dunkelfär-

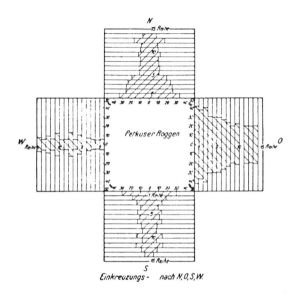

Abb. 32: Modellversuch zur Fremdbestäubung. Um eine Großparzelle von Petkuser Roggen werden in jeder Windrichtung 15 Reihen Indikatorroggen angebaut. Die gestrichelten Balken zeigen das Ausmaß der Fremdbestäubung in den jeweiligen Reihen. Im Beispiel herrschte während der Blüte West- bzw. Südwestwind vor. Deshalb sind die Fremdbestäubungsraten im Osten und Norden höher als im Westen und Süden.

bung des Korns noch auf der Mutterähre sichtbar. Nur bei Bestäubung innerhalb der Sorte bleibt das Korn hell. Ein Nachbau entfällt deshalb, man kann noch im selben Jahr direkt die Fremdbefruchtungsrate sehen (Abb. 33).

Die Quintessenz aus diesen Versuchen war klar. Nur durch kontrollierte Bestäubung ist es möglich, sowohl die Eigenschaften der Mutter als auch des Vaters in die Auslese einzubeziehen. Auch die Nachkommen müssen frei von unkontrollierten Einstäubungen bleiben. Nur dann lassen sich ihre genetischen Eigenschaften effektiv für die Auslese nutzen. Die besten Einzelkomponenten können nach intensiver Prüfung dann zu einer verbesserten Sorte zusammengesetzt werden. Ob die Isolierung räumlich oder zeitlich erfolgt, ist gleichgültig. Sie muß nur zuverlässig funktionieren. Der österreichische Züchtungsforscher v.Tschermak setzte dazu Glasröhrchen ein, die er über die

Abb. 33: Körner von Hellkorn-Roggen (links) im Vergleich zu blau-grünem Roggen (rechts).

zu isolierenden Ähren stülpte. Dadurch waren diese von fremdem Pollen geschützt und konnten gezielt mit dem Pollen einer bestimmten anderen Ähre bestäubt werden. Für wissenschaftliche Zwecke mag dieses aufwendige Verfahren verwendbar sein, für die Isolierung einer großen Anzahl von Pflanzen ist es nicht praktikabel, zumal unter ein Glasröhrchen nur eine sehr begrenzte Anzahl von Ähren passen.

Carl Fruwirth erzielte an der Landwirtschaftlichen Hochschule in Stuttgart-Hohenheim einen gewissen Fortschritt, in dem er bereits ab 1903 zur räumlichen Isolierung seiner Roggenvermehrungen Rahmengestelle einsetzte, die mit Pergamin oder Öltuch überzogen waren ("Hauben"). Darin konnte er überlegene Nachkommen in größerer Anzahl isoliert abblühen lassen oder gezielte Kreuzungen zwischen Einzelpflanzenpaaren herstellen. Trotzdem existierte damals, vor Erfindung des billigen Plastiks, noch kein Verfahren, das mit einem wirtschaftlich tragbaren Aufwand die Befruchtungslenkung bei Roggen in großem Maßstab ermöglichte. Fruwirths Ölhauben und v. Tschermaks Glasphiolen waren bei der riesigen Menge Einzelpflanzen, die man damals prüfte, und der geringen Vermehrungsrate des Roggens nicht praktikabel. Und Stoff ist zu durchlässig für den winzigen Roggenpollen. In der Rübenzüchtung wurden schon seit dem 19. Jahrhundert Hauben eingesetzt, aber hier liefert ein Pflanzenpaar auch Saatgutmengen, mit denen man mehrere Hektar Ackerfläche bestellen kann. Dagegen reicht das Erntegut eines Roggenpaares aufgrund der geringeren Produktivität nur für einige Quadratmeter aus. Deshalb zahlt sich bei Rüben auch ein höherer Aufwand aus. Bei Roggen waren diese Methoden aus Kostengründen nicht für die große Zahl von Isolierungen geeignet, die in einem praktischen Zuchtbetrieb anfallen. Das Prinzip der Bestäubungslenkung war allerdings richtig erkannt und wird seit dem Aufkommen billigen Kunststoffs auch in dieser Form durchgeführt.

Die Züchter befanden sich also in der Zwickmühle. Wollten sie große Zahlen von Pflanzen testen, mußten sie Fremdbestäubung in Kauf nehmen. Dies führte aber zu einer ungewollten Leistungsminderung und einer wenig effektiven Auslese. Prüften sie aber nur kleine Pflanzenzahlen, die durch räumliche Isolierung erstellt wurden, war bei den damaligen Selektionsmethoden die Chance, überlegene Typen zu finden, sehr gering. Die Lösung brachte eine geniale Idee von W. Laube, dem Nachfolger Ferdinand v. Lochows in der inzwischen gegründeten Firma F. v. Lochow GmbH. Wie alle wirklichen Geniestreiche war sie denkbar einfach.

Die neue Methode unterschied sich zunächst nicht von der Familienauslese, die inzwischen fast überall die einfache Massenselektion abgelöst hatte. Man stellte eine Ausgangspopulation her, ließ die Pflanzen frei untereinander abblühen und selektierte nach der Blüte die besten Mutterpflanzen nach ihrem äußeren Erscheinungsbild (Abb. 34). Das geerntete Saatgut entspricht genetisch Halbgeschwisterfamilien, da die Mutter bekannt ist, der Pollen aber wiederum aus der undefinierten Pollenwolke stammt. Der einzige, aber gravierende Unterschied der neuen Methode im Vergleich zur alten Familienselektion war die Idee Laubes, nicht wie bisher das ganze Erntegut wieder auszusäen, sondern einen Teil der geernteten Körner von jeder Mutterpflanze zurückzubehalten. Es wurde also ein Rest Samen im Keller überlagert und dieses "Restsaatgut" gab der Methode ihren Namen. Im nächsten Jahr fand die Nachkommenschaftsprüfung statt (A_1-Generation). Dabei kam es zwangsläufig wieder zu einer Befruchtung durch die unkontrollierbare Pollenwolke mittlerer Qualität, die ungerichtet alle Einzelpflanzen bestäubte. Dies störte jetzt aber nicht mehr, da die sogenannte A_1-Generation nur der Auslese auf Feldmerkmale diente, das Erntegut jedoch nicht zur Weiterver-

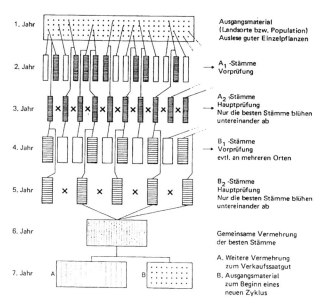

Abb. 34: Restsaatgutmethode nach Laube. Aus der Ausgangspopulation ausgelesene Pflanzen werden geprüft (A_1-Stämme), bei positivem Abschneiden aus dem Restsaatgut erneut erstellt und die besten Stämme untereinander gekreuzt (A_2-Stämme). Diese Prozedur wird in größerem Umfang wiederholt (B_1- bzw. B_2-Stämme) mit anschließender Vermehrung der besten Stämme zur neuen Sorte (A) bzw. Nutzung als Ausgangsbasis für eine erneute Auslese (B).

mehrung verwendet wurde. Stattdessen holte man zur Erstellung der nächsten Generation von den besten Familien das Restsaatgut aus dem Keller und nahm dieses als Saatgut für die neue (A_2-)Generation. Das war der ganze Trick. Dabei entstand genetisch eigentlich wieder die Population des Jahres 2 von Neuem, nur daß jetzt die schlechten und mittleren Stämme fehlten, da eine Auslese zwischengeschaltet war. Es blieben nur die Besten im Rennen und nur diese können in der A_2-Generation zur Pollenwolke beitragen. Der von diesen Nachkommen produzierte Pollen enthält damit in einer höheren Häufigkeit gute Erbanlagen als die zwei Jahre zuvor entstandene Pollenwolke aus unselektierten Pflanzen (Abb. 35). Dies läßt sich auch nachrechnen. Waren in den ersten beiden Jahren nach der Wahrscheinlichkeitstheorie noch

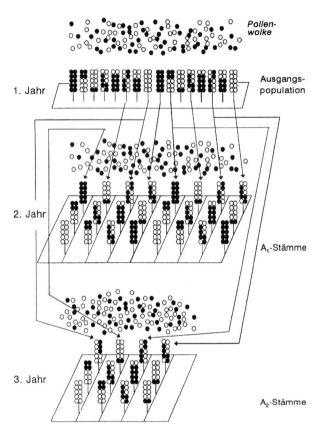

Abb. 35: Genetisches Prinzip der Restsaatgutmethode. Kreise symbolisieren die Gameten (Pollen bzw. Eizellen), die Farbe ihre Qualität (schwarz = negativ, weiß = positiv). Durch gleichzeitige Auslesen auf Mutter- und Vaterseite verbessert sich die genetische Qualität der Pollenwolke.

50% gute und 50% schlechte Erbanlagen in der Pollenwolke enthalten, so sind in der A_2-Generation bereits 62,5% gute und nur noch 37,5% schlechte Erbanlagen vorhanden.

Während also im "Deutschen Ausleseverfahren" (F. v. Lochow) die Selektion der besten Kandidaten erst nach der zufallsgemäßen Bestäubung erfolgte, wenn die günstigen Erbanlagen der selektierten Pflanzen bereits wieder durch unbekannten Pollen "verdünnt" waren, fand bei der Restsaatgutmethode in der A_2-Generation nur noch eine Bestäubung mit selektiertem, also genetisch überlegenem Pollen statt.

Laube wiederholte diese Prozedur noch einmal, um auf größeren Parzellen genauere Prüfungen durchführen zu können. So wurde aus den besten miteinander abgeblühten A_2-Stämmen die B_1-Generation erstellt. Diese wurde wiederum als Restsaatgut konserviert, um nach erfolgter Leistungsprüfung die besten B_2-Stämme wieder zu erstellen. Zum Sortenaufbau ließ man nur die ausgelesenen Stämme gemeinsam abblühen und erhielt so nach insgesamt sechs Jahren eine verbesserte Population. Der erhöhte Prüfungsaufwand steigerte die Sicherheit der Auslese und war wegen der relativ geringen Vermehrungsrate des Roggens und der damals fehlenden Technik zur vermischungsfreien Aussaat kleiner Saatgutmengen nötig. Eine mechanische Aussaat erforderte aufgrund der unzureichenden Maschinen Parzellengrößen von mindestens 20 m^2. Dafür werden aber rund 320 g Saatgut/Parzelle benötigt.

Der Vorteil, den die Restsaatgutmethode erbrachte, kann gar nicht hoch genug eingeschätzt werden. Obwohl dieser Trick heute so einfach und naheliegend klingt, revolutionierte er die gesamte Roggenzüchtung. Zum ersten Mal war überhaupt eine Regulierung der Fremdbefruchtung in großem Maßstab möglich, die unberechenbare Pollenwolke verdünnte nicht immer wieder die genetische Ausstattung der ausgelesenen Pflanzen. Ein indirekter Vorteil war, daß erstmals das gesamte Zuchtmaterial mehrjährig beobachtet und geprüft wurde. Vor allem die Drillprüfung in der B_2-Generation brachte gesicherte Ertragsergebnisse, die mit dem normalen Feldanbau beim Landwirt vergleichbar waren. "Bis 1920 bestimmte die Einzelpflanzenauslese aus den besten **einjährig** geprüften Nachkommen das Zuchtverfahren. Nunmehr begann eine scharfe Auslese zwischen den **vier Jahren** hindurch geprüften Nachkommen", beschreibt Laube selbst seine Methode.

Daß bei diesen vielfachen Vorteilen der neuen Zuchtmethode der Petkuser Roggen seinen hohen Standard halten konnte, liegt schon fast auf der Hand. Laube konnte alle Vorzüge seiner Methode geschickt nutzen. Zudem startete er bereits mit einer der besten Populationen und führte dazu ein Zuchtverfahren ein, das eindeutige genetische und versuchstechnische Fortschritte brachte. Damit gab es für den Erfolg des Petkuser Roggens wahrlich kein Halten mehr.

Um die wirkliche Bedeutung dieser Verfahren für den praktischen Roggenanbau, und damit auch für jeden Landwirt und Verbraucher, zu erkennen, soll hier noch ein etwas ungewöhnlicher Sortenversuch angeführt werden, der von W. Laube über 18 Jahre hinweg durchgeführt wurde. Laube besorgte sich ursprüngliche, nicht züchterisch bearbeitete Landsorten und verglich sie in ihren Leistungen mit einer jeweils repräsentativen Vermehrungsstufe des Petkuser Winterroggens (Tab. 8).

Tab. 8: Vergleich von Landsorten mit Petkuser Roggen (TKG = Tausendkorngewicht)

Prüfungszeitraum	Sorte	Ertrag dt/ha	in %	TKG g	in %
1929-1940	Landsorte[1]	13,5	100	23,1	100
	Petkuser Roggen	25,1	186	30,4	132
1947-1953	Landsorte[2]	17,0	100	19,7	100
	Petkuser Roggen	29,9	176	33,2	169

[1] = Landsorte aus dem Böhmerwald
[2] = Landsorte aus dem Schwarzwald

Die Tabelle verdeutlicht den großen Ertragsfortschritt, der bei Roggen durch gezielte Auslese und optimalen Einsatz der Bestäubungslenkung erreicht werden konnte. Der Ertrag wurde nahezu verdoppelt, die Korngröße deutlich gesteigert. Gleichzeitig ging damit eine Verkürzung der Strohlänge und eine Verbesserung der Lagerfestigkeit einher. Die Tabelle zeigt, daß auch der Petkuser Roggen selbst durch die konsequente Durchführung der Restsaatgutmethode über die Jahre verbessert wurde. Die genetische Steigerung des Ertrages durch Pflanzenzüchtung bedeutet für den Landwirt eine erhöhte Erntemenge bei gleichem Aufwand und damit ein höheres Familieneinkommen. Für den Verbraucher heißt dies, daß er weniger Geld für Nahrungsmittel ausgeben muß als es die allgemeine Teuerung erfordern würde.

Bevor wir beginnen, über eine neue Ära der Roggenzüchtung zu berichten, mag es zur Ordnung der Gedanken nützlich sein, noch einmal kurz auf das Erreichte zurückzublicken (Tab. 9).

Tab. 9: Zusammenfassung der Zuchtmethoden bei Roggen im Zeitraum von 1850 bis 1980

bis ca. 1850	Ausbildung von Landsorten durch weitgehend natürliche Auslese. Keine planmäßige Züchtung.
ab 1850	Erste gezielte Saatgutproduktion und technische Saatgutreinigung; Landsorten werden ertraglich verglichen und Unterschiede ermittelt.
1867 - 1890	Massenauslese durch W. Rimpau. Grundlegende Untersuchungen zu zuchtmethodischen Fragen. Erste aus planmäßiger Züchtung hervorgegangene Roggensorte ("Schlanstedter Roggen").
1885 - 1921	Familienauslese auf Einzelpflanzenbasis mit Prüfung der Nachkommenschaften durch Ferdinand von Lochow ("Deutsches Ausleseverfahren"). Weltweit erfolgreichste Roggensorte ("F.v. Lochows Original Petkuser Winterroggen").
1921 - 1981	Restsaatgutmethode von W. Laube mit Bestäubungslenkung und mehrjähriger Nachkommenschaftsprüfung.

Eine neue Ära ?! - Entwicklung von Hybridroggen

Die Roggenzüchtung hatte von der einfachen Massenauslese (W. Rimpau, 1867) über die Familienauslese mit Nachkommenschaftsprüfung (F.v. Lochow, 1885) bis zur Restsaatgutmethode (W. Laube, 1921) einen enormen Aufschwung genommen. Die Restsaatgutmethode gestattete erstmals eine gezielte Bestäubungslenkung im großen Maßstab. Damit schienen zunächst auch die drei Probleme der Fremdbefruchterzüchtung, nämlich die gezielte Suche nach neuer Variation, die isolierte Vermehrung der besten Nachkommenschaften und ihr Zusammenfügen zu einer neuen Sorte, befriedigend gelöst. Die neuen Petkuser Sorten zeigten einen deutlichen Ertragszuwachs und wurden endgültig zum weltweit meist angebauten Roggen.

Doch bei den Selbstbefruchtern Weizen und Gerste ging der Züchtungsfortschritt schneller. Aufgrund der geringeren methodischen Schwierigkeiten war es einfacher, überlegene Genotypen zu finden und neue Sorten zu entwickeln. Als erstmals Anfang bis Mitte des 20. Jahrhunderts das Problem der Winterfestigkeit von Weizen und Gerste durch intensive Zuchtarbeit gelöst war, kam es zu einer schnellen Ausweitung der Anbauflächen. So wurde 1961 erstmals seit dem frühen Mittelalter in den alten Bundesländern mehr Weizen als Roggen angebaut. Und dieser Trend setzte sich unaufhaltsam fort. 1988 war mit einer Roggenanbaufläche von nur noch 378.000 ha der Tiefpunkt erreicht. Neben dem geringeren Ertrag waren es vor allem die pflanzenbaulichen Nachteile, die dem Roggen das Wasser abgruben. Seit das Stroh nicht mehr zum Flechten und Dachdecken verwendet wurde, verkehrte sich seine größere Wuchshöhe vom Vor- zum Nachteil. Sie machte ihn anfälliger für das witterungsbedingte Lagern vor der Ernte, erschwerte damit die Arbeit des Mähdreschers und verschlechterte die Korn- und Backqualität. Überhaupt war Roggen für die rasant zunehmende Mechanisierung in der Landwirtschaft der Nachkriegszeit immer weniger geeignet. Das lange Stroh verstopfte die Mähdrescher, die Abreife war ungleichmäßig und die immer wirksameren chemischen Unkrautvernichtungsmittel (Herbizide) machten die hervorragende natürliche Unkrautunterdrückung des schnell wachsenden Roggenbestandes überflüssig. Auch die Stickstoffdüngung konnte aufgrund der geringeren Standfestigkeit nicht so angehoben werden wie bei Weizen und Gerste. Letztere wurden durch das Einkreuzen von sogenannten "Zwerggenen" genetisch verkürzt und vertrugen dadurch eine viel höhere Stickstoffdüngung, ohne umzufallen. In eine Fremdbefruchterpopulation lassen sich rezessive Gene nur sehr schwer einlagern. Eine weitere Besonderheit des Roggens ist seine hohe Auswuchsneigung, die in feuchten Sommern dafür sorgt, daß das Korn bereits auf der Ähre wieder zu keimen beginnt, worunter die Backfähigkeit stark leidet. So war der Roggen auf dem besten Wege vom Volksnahrungsmittel zum Liebhaberobjekt.

Doch je mehr sich die Bauern von diesem Getreide abwandten, desto lauter beschwerten sich die Müller und Politiker. Sie hatten freilich ganz unterschiedliche Interessen. Die Politiker sorgten sich vor allem um die zunehmenden Überschüsse, deren Subventionierung bei Weizen und Gerste jedes Jahr einen größeren Teil des EU-Haushaltes ausmachte. Die Müller fürchteten, die aufgrund des wachsenden Gesundheitsbewußtseins steigende Nachfrage nach Roggenmehl nicht mehr befriedigen zu können. Vor allem in feuchten Sommern waren nur 30-40% der gesamten deutschen Roggenernte für Backzwecke geeignet.

Diesem Dilemma konnte man nur entkommen, wenn die Roggenerträge durch Züchtung gesteigert und die Qualitätseigenschaften genetisch verbessert wurden. Dies ist durch die Restsaatgutmethode und die umständliche Züchtungsprozedur bei der Arbeit mit heterogenen Populationen jedoch nur langsam und innerhalb enger Grenzen möglich.

Die Revolution kam durch eine neue, reizvolle Züchtungsmethode, die Hybridzüchtung. Sie bot die Lösung aller Probleme, die in den letzten 100 Jahren die Roggenzüchtung behinderten. Die Hybridzüchtung hatte bereits bei einem anderen fremdbefruchtenden Getreide, dem Mais, wahre Wunder bewirkt. Betrug in den USA die Anbaufläche von Hybridmais um 1935 nur 78 ha - eine Zahl, die sich bei der riesigen Anbaufläche dieses Landes kaum in Promille umrechnen läßt -, so nahm bereits fünf Jahre später der Hybridmais knapp 60% der gesamten Maisanbaufläche in Anspruch. Dabei brachte er durchschnittlich 14% mehr Ertrag gegenüber den herkömmlichen Populationen. Nochmals vier Jahre später standen bereits 83% der amerikanischen Maisfläche unter Hybridanbau bei einer um durchschnittlich 20% verbesserten Ertragsleistung gegenüber den Populationen. Dieser stetige Aufwärtstrend wurde bis heute nicht gebrochen (Abb. 36) und der Hybridmais hat in den industrialisierten Ländern längst die gesamte Maisanbaufläche eingenommen.

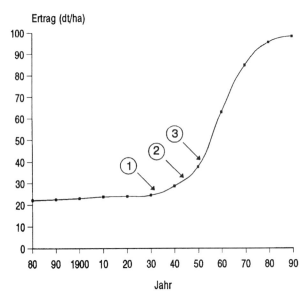

Abb. 36: Trendkurve der durchschnittlichen Maiserträge in den USA im Zeitraum von 1880 bis 1990. Die Einführung der ersten Hybridsorten brachte in der Folge einen deutlichen Ertragsanstieg (1). Die weitere Entwicklung der Kornerträge wird außer durch Züchtung auch durch den zunehmenden Einsatz von mineralischem Stickstoff (2) und Pflanzenschutzmitteln (3) bestimmt; die Erträge wurden jeweils über 10-Jahres-Intervalle gemittelt.

Das Erstaunlichste an dieser Hybridmais-Geschichte ist, daß das hinter der Hybridzüchtung stehende genetische Phänomen der Heterosis bis heute noch nicht voll verstanden ist. Heterosis (="Hybridwüchsigkeit") bezeichnet die Tatsache, daß die Nachkommen einer Kreuzung zweier Eltern deutlich mehr Ertrag bringen als das Mittel der beiden Eltern erwarten ließe (Abb. 37). Hat etwa der Genotyp A einen Ertrag von 15 dt/ha, Genotyp B einen von 25 dt/ha, so wäre das Mittel beider Eltern 20 dt/ha. Die durch Kreuzung aus beiden Eltern entstehende Hybride kann jedoch durchaus einen Ertrag von 50 dt/ha produzieren, d.h. die Mehrleistung durch Heterosis beträgt in diesem Beispiel 30 dt/ha. Obwohl die Ursache für dieses Phänomen der Heterosis bis heute wissenschaftlich nicht vollständig geklärt ist, läßt sich leicht vorstellen, warum die Hybridzüchtung lohnt.

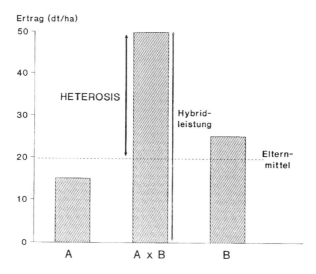

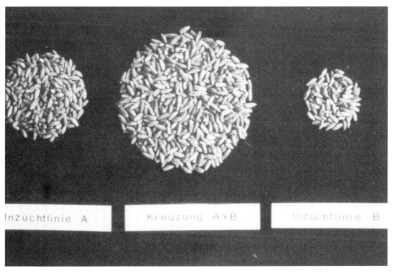

Abb. 37: Schematische Darstellung der Hybridwüchsigkeit (Heterosis). Werden ingezüchtete, möglichst erbfremde Eltern (A, B) miteinander gekreuzt, dann zeigt die Nachkommenschaft (A x B) eine höhere Leistung als das Mittel der beiden Eltern, dargestellt am Beispiel Kornertrag pro Flächeneinheit (oben) und Kornmenge pro Einzelpflanze sowie Korngröße (unten).

Bisher gab es bei Roggen nur sogenannte Populationssorten, wie wir sie in den vergangenen Kapiteln kennenlernten. Schon beim aufmerksamen Betrachten erkennt man, daß es sich dabei um ein Gemisch genetisch verschiedener Pflanzen handelt (Abb. 38). Diese genetische Verschiedenheit innerhalb der Population (Heterogenität) ist Voraussetzung für deren Leistungsfähigkeit und Ertragsstabilität (s. Kap. 6). Andererseits bedeutet sie aber auch, daß neben leistungsstarken Genotypen auch solche mit mittlerem und schwachem Leistungsniveau in der Population vertreten sind. Letztere vermindern natürlich den Ertrag und lassen insgesamt nur eine mittlere Leistung zustandekommen. Die sehr leistungsstarken Einzelpflanzen können nicht ausgesucht und gesondert vermehrt werden, da sie auf Fremdbefruchtung angewiesen sind. Die Hybridzüchtung ermöglicht genau dies.

Als eine wichtige Voraussetzung muß der Roggen von der Fremd- zur Selbstbefruchtung "umfunktioniert" werden. Davon wird später noch zu berichten sein. Dann kann eine Population in ihre einzelnen Genotypen zerlegt werden, in dem die Einzelpflanzen zur Selbstbefruchtung gezwungen werden (Selbstung). Dadurch werden die Pflanzen reinerbig und können als Inzuchtlinien genetisch identisch vermehrt werden. Nach einer umfangreichen, mehrjährigen Prüfung ihrer Eigenschaften ergibt dann die Kombination der besten Inzuchtlinien die neue Hybridsorte. Die Ertragsüberlegenheit der Hybridsorte beruht darauf, daß die nach langjähriger Vorprüfung überlegenen Linien gezielt miteinander gekreuzt werden, so daß die Hybride nur aus den jeweils am besten zueinander passenden Genotypen besteht. Dann ergibt sich auch die höchste Heterosis. Die Eigenschaften der neuen Hybride sind anhand der Prüfungsergebnisse der Inzuchtlinien weitgehend vorhersagbar. So können gezielt Hybridsorten erzeugt werden, die neben hohem Ertrag besonders gute Backeignung haben oder verschiedene Krankheitsresistenzen besitzen.

Das genetische Phänomen der Heterosis wurde bereits 1908 in den USA von den beiden Wissenschaftlern G.H. Shull und E.H. East entdeckt. Im Prinzip waren die blühbiologischen Fakten, die für diese Methode bei Roggen nötig sind, in Deutschland um dieselbe Zeit längst bekannt. Zwar ist Roggen strenger Fremdbefruchter, wie Rimpau bereits 1877 nachwies. Andererseits kann in seltenen Fällen, sozusagen als "Fehltritt", aber auch eine Selbstbefruchtung stattfinden, was der Wissenschaftler von Liebenberg erstmals 1880

Abb. 38: Vergleich einer Populationssorte (links) mit einer Hybridsorte (rechts). Deutlich zu erkennen ist bei der Populationssorte die Verschiedenheit der Einzelpflanzen bezüglich der Pflanzenlänge im Vergleich zu der relativen Einheitlichkeit der Hybridsorte.

beschrieb. Die Nachkommen solcher Pflanzen mit erzwungenen Selbstungen sind jedoch stark in ihrer Wüchsigkeit vermindert. Dieses Phänomen nennt man Inzuchtdepression. Sie wurde von Giltay beim Roggen 1905 erstmals beobachtet und beruht darauf, daß bei Selbstbefruchtung einer mischerbigen Pflanze in den Nachkommen schlagartig die Hälfte aller Gene homozygot wird. Dadurch spalten vorher verdeckte, rezessive Merkmale heraus. Es werden dabei auch nachteilige Eigenschaften phänotypisch sichtbar und bewirken einen Vitalitätsverlust, der in schweren Fällen bis zum Absterben der Pflanzen führen kann. Solche tödlichen Fälle ergeben sich beispielsweise, wenn die mischerbige Pflanze rezessive Allele für einen Chlorophylldefekt (= Albinismus) besitzt. Bei einem Teil der Selbstungsnachkommen wird das Gen reinerbig, die negative Eigenschaft kommt zur Ausprägung und diese Pflanzen können dann kein Blattgrün mehr bilden. Sie sind schon als Keimling weiß und verkümmern schnell. In weniger drastischen Fällen ist die Pflanze lebensfähig, bleibt aber kleiner, die Ähren sind zierlicher und der Kornertrag geringer (Abb. 39). Jede weitere Selbstung bewirkt einen nochmaligen Anstieg der Reinerbigkeit (Homozygotie) mit der folgenden Gesetzmäßigkeit: 1. Selbstung 50% Homozygote, 2. Selbstung 75% Homozygote, 3. Selbstung 87,5% Homozygote usw. Die Inzuchtdepression setzt sich mit zunehmender Selbstung fort, erreicht jedoch nach durchschnittlich der sechsten Selbstungsgeneration ein Niveau, das auch bei weiteren Selbstungen erhalten bleibt (Inzuchtminimum, Abb. 39, 40).

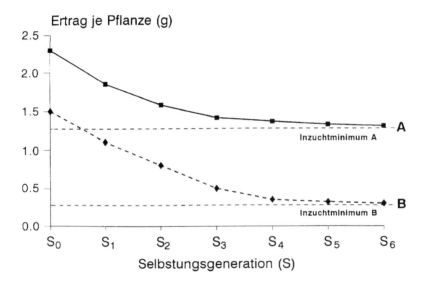

Abb. 39: **Prinzip der Inzuchtdepression. Durch fortschreitende Selbstung wird die Vitalität der Inzuchtlinien, hier gemessen am Ertrag je Ähre, zunehmend verringert (Inzuchtdepression), bis eine untere Grenze (Inzuchtminimum) erreicht wird. Im Beispiel ist Linie A besser einzustufen als Linie B, da ihr Inzuchtminimum auf einem höheren Ertragsniveau liegt.**

Die Abbildung 40 verdeutlicht, daß Inzuchtdepression und Heterosis zwei Seiten derselben Medaille sind. Werden zwei ingezüchtete Linien gekreuzt, so gelangen damit in einem Schritt alle Allele wieder in den mischerbigen Zustand und es zeigt sich die beschriebene Hybridwüchsigkeit. Diese ist besonders hoch, wenn die beiden Elternlinien genetisch nicht miteinander verwandt sind. Doch auch in der Hybridzüchtung gibt es nichts umsonst. Die Heterosis ist nur in der ersten Nachkommengeneration maximal. Wird das Erntegut der Hybride im nächsten Jahr wieder ausgesät, so nimmt die Heterosis, und damit der Ertrag, durch die Inzucht stark ab. Hybridsaatgut muß vom Landwirt also jedes Jahr neu gekauft werden.

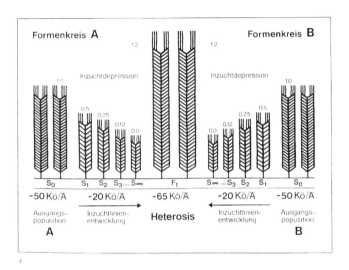

Abb. 40: Stark vereinfachtes Zuchtschema für Hybridroggen. Durch Inzucht werden reinerbige, identisch reproduzierbare Linien erstellt. Dadurch vermindert sich die Vitalität und Leistung der Inzuchtlinien (Inzuchtdepression), die Kreuzung von genetisch verschiedenen, selektierten Inzuchtlinien führt in der ersten Nachkommengeneration (F_1) zur Hybridwüchsigkeit (Heterosis). Diese ist besonders hoch, wenn die Eltern aus zwei verschiedenen Ausgangspopulationen (Formenkreise) stammen. Die Zahlen oberhalb der stilisierten Ähren geben den relativen Heterozygotiegrad an. Dargestellt sind die Verhältnisse am Beispiel der Anzahl Körner je Ähre (Kö/Ä).

Wenn auch die genetischen Voraussetzungen der Hybridzüchtung bei Roggen in ihren Grundzügen bereits Anfang des 20. Jahrhunderts erkannt waren, so war es bis zur Verwirklichung der ersten Roggenhybridsorten noch ein weiter Weg. Ein Problem ist beim Roggen seine genetisch verankerte Selbstunverträglichkeit. Aber nur wenn der ursprüngliche Fremdbefruchter zum Selbstbefruchter "umgepolt" werden kann, ist es möglich, reinerbige Inzuchtlinien zu entwickeln. Ist das einmal erreicht, muß dann aber zur großflächigen Produktion von Hybridsaatgut ein Mechanismus existieren, der gerade die Selbstbestäubung verhindert und dafür sorgt, daß nur Kreuzungen entstehen. Beim Roggen ist aber eine absolute Befruchtungslenkung, wie sie die Hybridsaatguterzeugung voraussetzt, aufgrund seiner kleinen, zwittrigen Blüten nicht so einfach möglich wie etwa beim Mais. Hier sind männliche und weibliche Blütenorgane auf derselben Pflanze weit getrennt voneinander angeordnet. Deshalb können die an der Spitze der Pflanzen sitzenden männlichen Blütenorgane ("Fahne") einfach mechanisch entfernt werden, was zu einer Kastration führt. Die mütterliche Narbe kann jetzt mit gewünschtem Pollen bestäubt werden. Beim Roggen hingegen sind männliche und weibliche Blütenorgane, Staubbeutel und Narbe, auf wenigen Millimetern im selben Blütchen zusammengedrängt. Deshalb muß eine mechanische Kastration mit der Pinzette erfolgen. Und dies ist natürlich nicht großflächig möglich. Schließlich müssen zur erfolgreichen Hybridzüchtung auch noch möglichst wenig miteinander verwandte Populationen gefunden werden. Damit sind die drei Voraussetzungen für hohe Heterosis beschrieben: geringer Verwandtschaftsgrad der Ausgangspopulationen, Reinerbigkeit der Pflanzen durch Selbstbestäubung und ein System zur "genetischen Kastration", um großflächig Hybridsaatgut produzieren zu können. Denn Hybridsaatgut ist immer Kreuzungssaatgut.

Die Verwirklichung dieser drei Voraussetzungen sollten die Wissenschaftler noch ein dreiviertel Jahrhundert lang beschäftigen. Zuerst wurden Ausgangspopulationen gefunden, die nur wenig miteinander verwandt waren: Petkus und Carsten. Die Ursache läßt sich historisch einfach erklären. Der Petkuser Winterroggen entwickelte sich durch seinen höheren Ertrag schnell zum Marktführer. Deshalb wurde er auch von vielen anderen Züchtern als Ausgangsbasis für neue Sorten gewählt. Genetisch gesehen sind also die meisten mitteleuropäischen Sorten direkt mit dem Petkuser Roggen verwandt. Damit wäre fast das Ende der Hybridzüchtung besiegelt gewesen, noch bevor sie eigentlich begann. Doch es gab an der Ostseeküste in der Nähe von Kiel einen Züchter, der sich vom Erfolg des Petkuser Roggens nicht beeindrucken ließ. Dr. h.c. R. Carsten setzte von Anfang an seinen Ehrgeiz in die Aufgabe, unabhängig vom Petkuser Material eine erfolgreiche Roggensorte zu entwickeln. Er wählte eine andere Landsorte als F.v. Lochow als Ausgangsbasis für seine Züchtung und hielt seinen Roggen stets getrennt von Fremdeinkreuzungen. Während landauf, landab der Petkuser Roggen überall eingekreuzt wurde bzw. die alten Landsorten durch unfreiwillige Fremdbestäubung mit dem Petkuser Genmaterial durchsetzt wurden, widerstand Carsten der Versuchung, Petkuser Material zu benutzen. Das Ergebnis war "Carstens Kurzstrohroggen", eine erfolgreiche Sorte aus der später "Carokurz" entwickelt wurde. Diese alte Population, die bereits in den 40er Jahren zugelassen wurde, besitzt heute noch aufgrund des Ehrgeizes von Herrn Carsten innerhalb der mitteleuropäischen Sorten die geringste Verwandtschaft zum Petkuser Roggen. So werden als Ausgangspunkt für die Hybridzüchtung heute die Formenkreise "Petkus" und "Carsten" eingesetzt, benannt nach ihren erfolgreichen Züchtern.

Die zweite Voraussetzung für Hybridzüchtung war schon schwieriger zu erfüllen: Die Gewinnung möglichst reinerbiger Eltern, sogenannter Inzuchtlinien. Voraussetzung dafür ist die Überwindung des bei Roggen sehr effektiven Mechanismus der Selbstunverträglichkeit, der in Kapitel 6 ausführlich geschildert wurde. Er sorgt dafür, daß keine Selbstbefruchtung, und damit Inzucht, stattfinden kann. Aber es gibt auch von dieser Regel Ausnahmen und so lassen sich mutierte Pflanzen finden, die eben doch Selbstbestäubung zulassen. Diese sind selten. In normalen Roggenpopulationen kommen solche selbstfertilen Mutanten unter 10.000 - 100.000 Pflanzen nur einmal vor. Wie bereits erwähnt, beobachtete der Wissenschaftler von Liebenberg 1880 erstmals eine erfolgreiche Selbstbestäubung. Dieser erstaunliche Befund wurde in der Nachfolge mehrfach bestätigt. Der junge Wissenschaftler Ullrich hatte dann in Halle/Saale Ende des letzten Jahrhunderts von seinem Professor die Aufgabe erhalten, dieses Phänomen genauer zu untersuchen. Er verbrachte damit mehrere Jahre seines Lebens und schrieb darüber 1902 seine Doktorarbeit. Darin berichtete er, daß es in Abhängigkeit von der Ausgangssorte Unterschiede in der Häufigkeit solcher selbstfertilen Mutanten gebe. Er fand dies heraus, indem er vor dem Aufblühen der Ähren auf Zehntausende von Pflanzen unterschiedlicher Herkunft pollenundurchlässige Pergamenttüten setzte. Die wenigen Pflanzen, die trotzdem Körner bildeten, mußten selbstfertil sein. Doch damals war dies reine Grundlagenforschung. Niemand wußte damals, diese Mutanten sinnvoll zu nutzen. Im Gegenteil! Wer sich näher damit beschäftigte, wie der Engländer Giltay (1905), beobachtete nach den Selbstungen "ganz kümmerliche Pflanzen" und damit Inzuchtdepression. Doch die Zeit war reif für Entdeckungen und die Züchtungsforschung bei Roggen war damals in Deutschland weltweit führend. So fand Steglich 1911, daß die Inzuchtdepression beim Roggen eben auch eine positive Seite hat, nämlich die Hybridwüchsigkeit der Kreuzungsnachkommen. Fruwirth und von Rümker bestätigten dieses Ergebnis zwei bzw. drei Jahre später. Doch die Nutzung dieser Heterosis war damals noch nicht möglich. Die Inzuchtdepression war viel zu massiv, die entstehenden Linien viel zu kümmerlich und die Selbstfertilität viel zu unbefriedigend, um damit praktische Züchtung betreiben zu können. Alle Forscher wiesen eindringlich darauf hin, daß Zuchtprogramme beim Fremdbefruchter Roggen so gestaltet werden müssen, daß Inzucht auf jeden Fall vermieden wird.

So geschah mit diesen Ergebnissen lange Zeit nichts. Sie wurden als reine Grundlagenforschung angesehen, die zwar hochinteressant, aber nicht anwendbar ist. Es kam der Erste Weltkrieg, der die deutsche Wirtschaft und Wissenschaft schwer beeinträchtigte und es gab dringendere Probleme als die Selbstfertilität von Roggen. Eine Fortsetzung fanden diese Arbeiten erst 1927, als von der "Kaiser-Wilhelm-Gesellschaft zur Förderung der Wissenschaften" die Einrichtung eines Institutes für Züchtungsforschung in Müncheberg, Mark Brandenburg, beschlossen wurde. Der Initiator und erste Leiter dieses Projekts, Erwin Baur (1875-1933) förderte von Anfang an die Arbeit am Roggen. Er holte sich begeisterte Wissenschaftler, von denen sich Dr. H.P. Ossent mit der Selbstbefruchtung des Roggens beschäftigte. Ähnlich wie Ullrich ließ er jedes Jahr mehrere zehntausend Einzelpflanzen des Petkuser Roggens eintüten, um die wenigen selbstfertilen Pflanzen herauszusuchen. Zunächst fand er bei den wenigen Pflanzen, die überhaupt Körner bildeten, nur einen geringen Ansatz, etwa 1 - 5 Körner/Ähre. Ossent versuchte, diese Eigenschaft weiter anzureichern, in dem er die teilweise selbstfertilen Pflanzen untereinander kreuzte und im nächsten Jahr wieder auf Selbstfertilität selektierte. Er kam rasch voran und hatte in seinem Material bereits nach vier Jahren eine Selbstfertilität von 74% erreicht, wobei nur die Ähren als selbstbefruchtend galten, die trotz des Eintütens mehr als 40 Körner entwickelten. Ossent konnte 1938 als erster von hochgradig selbstfertilen Roggenlinien berichten. So entstand über die Jahre ein großes Sortiment von praktisch reinerbigen Inzuchtlinien. Nach dem Zweiten Weltkrieg wurden diese Arbeiten in Westdeutschland im inzwischen der Max-Planck-Gesellschaft angehörenden Institut für Züchtungsforschung in Scharnhorst von F.W. Schnell weitergeführt.

Eine wirkliche Probe zur Nutzung der Heterosis führten Rudorf, der damalige Vorgesetzte von F.W. Schnell, und von Mengersen in Scharnhorst 1950 durch, wobei sie bei Roggen erstmals den vom Maisanbau bekannten "Topcross"-Test durchführten. Dazu wurden die 65 besten Inzuchtlinien in einer Isolierparzelle angebaut und rings herum eine gute Roggensorte als Bestäuber gesät (Abb. 41). Um sicher zu gehen, daß die Inzuchtlinien wirklich nur von der bestäubenden Sorte, dem sogenannten Tester, befruchtet wurden, und nicht Selbstbestäubung betrieben oder sich untereinander befruchteten, mußten sie kurz vor der Blüte kastriert werden. Dabei wird zu einem bestimmten Stadium der Ährenentwicklung einfach mit der Schere die obere Hälfte des Ährchens abgeschnitten. Die schon weit entwickelten Staubbeutel werden abgetötet, während die erst später reifenden mütterlichen Narben noch tief unten in der Spelze sitzen und keinen Schaden davontragen. Durch diese sogenannte "Schnittkastration" besaßen die Inzuchtlinien keinen funktionsfähigen Pollen mehr und waren auf die Bestäubung durch den Tester angewiesen, es kam ausschließlich zu Kreuzungen. Im nächsten Jahr wurden die Kreuzungsnachkommen auf kleinen Parzellen geprüft und sie zeigten tatsächlich bei allen untersuchten Merkmalen eine ausreichende Hybridwüchsigkeit. Damit war nachgewiesen, daß auch bei Roggen durch Ausnutzung der Heterosis ertraglich überlegene Nachkommen erzielt werden können. Das Abschneiden der Staubbeutel von Hand konnte natürlich kein Verfahren sein, das eine kommerzielle Saatgutproduktion auf großen Flächen ermöglichte. Beim Roggen mußten deshalb andere Wege gesucht werden.

Die schier unlösbar erscheinende Aufgabe, die männlichen Staubbeutel in allen Ährchen einer Pflanze gleichsam automatisch so zu entfernen, daß die mütterliche Narbe unbeschädigt bleibt, konnte nur mit Hilfe der Natur selbst bewältigt werden. Es gibt bei vielen Pflanzenarten das Phänomen der männlichen Sterilität. Dabei wird unter bestimmten Voraussetzungen von der Pflanze kein funktionsfähiger Pollen mehr gebildet. Beim Mais war die

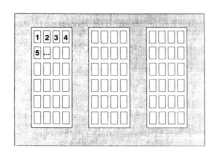

Abb. 41: Schemazeichnung eines "Topcross". Die zu bestäubenden Mutterpflanzen stehen im Kern der Fläche auf kleinen Parzellen, der Bestäuber (Tester, schraffiert) wird in ausreichender Menge als "Mantel" um die Mutterlinien herum angebaut.

männliche Sterilität schon lange bekannt, beim Roggen wurde sie jedoch bisher noch nicht beobachtet.

Die Situation sollte sich 1968 grundlegend ändern. In diesem Jahr hatte Hartwig H. Geiger, der die Inzuchtliniensammlung von F.W. Schnell übernommen hatte, auf dem Hohenheimer Feld bei Stuttgart unter vielen anderen Herkünften auch eine kleine Probe argentinischen Roggens angebaut, der von einem Kollegen auf einer Reise gesammelt worden war. Und tatsächlich entdeckte Geiger ausgerechnet in dieser kleinen Parzelle von Waldstaudenroggen einige Pflanzen, die während der Blüte nur ganz winzige, unterentwickelte Staubbeutel erkennen ließen und offensichtlich überhaupt keinen lebensfähigen Pollen entwickelten (Abb. 42). Geiger wies nun in mehrjährigen Studien nach, daß es sich dabei nicht um Zufall handelte, sondern tatsächlich um Erbfaktoren, die zur männlichen Sterilität führten. Aufgrund der Herkunft der Roggenprobe nannte er es Pampa-Cytoplasma. Er veröffentlichte 1970 diese Entdeckung zusammen mit seinem Lehrer F.W. Schnell und war damit der erste, der bei Roggen die noch fehlende Voraussetzung für die Hybridzüchtung fand.

Mit der Entdeckung dieses genetischen Phänomens der männlichen Sterilität bei Roggen hatten die Arbeiten, die seit knapp 100 Jahren in die Selbstfertilität des Roggens gesteckt wurden, plötzlich eine ganz neue Bedeutung erhalten. Die Möglichkeit der beim Mais so erfolgreichen Hybridzüchtung rückte auch beim Roggen in greifbare Nähe.

Abb. 42: Das Phänomen der cytoplasmatisch-männlichen Sterilität (CMS): Männlich sterile Roggenähre (links) im Vergleich mit einer normalen, männlich fruchtbaren Roggenblüte (rechts). Die CMS-Ähre besitzt nur leere, verkümmerte Staubbeutel, die nicht aus den Ährchen geschoben werden. Im Gegensatz dazu sind die Staubbeutel der männlich fruchtbaren Ähre weit herausgeschoben, aufgeplatzt und haben bereits Pollen entlassen.

Zum besseren Verständnis des Folgenden sind jedoch noch einige Sätze über die Vererbung der von H.H. Geiger gefundenen männlichen Sterilität nötig. Dazu müssen einige zellbiologische Begriffe erklärt werden. Eine pflanzliche Zelle besteht im Prinzip aus einer Zellwand, dem Zellplasma (=Cytoplasma) und einem Zellkern (Abb. 43). Ähnlich wie sich in unserem Blut sehr unterschiedlich gestaltete Blutkörperchen befinden, so enthält auch das pflanzliche Zellplasma solche "Körperchen", die hier Organellen ("kleine Organe") heißen. Dazu gehören auch die Mitochondrien, die für den Energiehaushalt der Zelle zuständig sind. Um diese Aufgabe zu erfüllen, enthalten sie eigenes Erbmaterial (DNS). Auf der Veränderung dieses Erbmaterials in den Mitochondrien beruht die Pollensterilität beim Roggen. Da die Mitochondrien Bestandteil des Zellplasmas sind, nennt man diese Form <u>c</u>ytoplasmatisch-<u>m</u>ännliche <u>S</u>terilität, kurz: CMS. Dies hat nun wesentliche

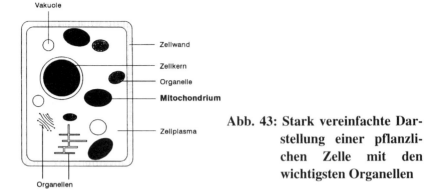

Abb. 43: Stark vereinfachte Darstellung einer pflanzlichen Zelle mit den wichtigsten Organellen

Konsequenzen für die Züchtung. Während bei allen Eigenschaften, die durch den Zellkern auf die Nachkommen vererbt werden, Vater und Mutter je die Hälfte ihrer genetischen Ausstattung beisteuern, ist dies bei cytoplasmatisch vererbten Merkmalen grundsätzlich anders, weil das Zellplasma ausschließlich von der mütterlichen Eizelle beigesteuert wird. Bei der Befruchtung überträgt der väterliche Pollen praktisch nur den Zellkern, nicht jedoch sein Zellplasma. Damit ist die cytoplasmatische Vererbung ausschließlich an die Mutter gebunden. Alle Nachkommen einer Mutterpflanze tragen ihr Cytoplasma, unabhängig vom Vater. Kreuzt man eine Inzuchtlinie mit dem von Geiger gefundenen argentinischen Pampa-Cytoplasma, so wird sie unter bestimmten Voraussetzungen männlich steril. Sie erzeugt also selbst keinen Pollen mehr, sondern ist auf Fremdbefruchtung angewiesen. Wird sie zusammen mit einer normal stäubenden Roggenform in isolierten Lagen angebaut, wo sich praktisch kein fremder Pollen befindet, dann wird sie vollständig von dem betreffenden Vater bestäubt. Auf diese Weise kann mit dem CMS-Mechanismus großflächig Hybridsaatgut produziert werden.

Halt!, wird da der aufmerksame Leser sagen. Wenn die so entstehenden Nachkommen ebenfalls männlich steril sind, also keinen Pollen produzieren, kann der Landwirt gar keine Körner ernten bzw. ist immer auf fremden Pollen angewiesen. Das ist völlig richtig gedacht. Aber es gibt in der Natur auch Gene, die dafür sorgen, daß selbst bei Anwesenheit eines männlich sterilen Cytoplasmas Pollen gebildet wird. Diese Gene, die sich auf den Chromosomen des Zellkerns befinden, stellen die männliche Fruchtbarkeit also wieder her, und werden in der Fachsprache deshalb "Restorergene" genannt (von engl. "restore" = wiederherstellen). Damit handelt es sich bei dem von Geiger entdeckten System genau genommen um eine cytoplasmatisch-genisch vererbte männliche Sterilität. Die zu seinem neuentdeckten Cytoplasma gehörenden Restorergene fand Geiger schon zwei Jahre später in mittel-europäischen Roggensorten.

Kommen wir noch einmal zum obigen Beispiel zurück (Abb. 44) und überlegen uns die Situation für die Hybridsaatgutproduktion. Die Linie A trägt das CMS-erzeugende Pampa-Cytoplasma und keine Restorergene; damit ist sie männlich steril. Die Linie B besitzt Normalplasma und ist deshalb männlich fertil. Da sie ebenfalls über keine Restorergene verfügt, sind die Nachkommen dieser Kreuzung (AB) männlich steril. Zur Aufhebung der Sterilität bei den Nachkommen von AB wird nun ein dritter, ebenfalls durch Inzucht entstandener Kreuzungspartner (C) eingesetzt, der Restorergene besitzt und damit die männliche Fruchtbarkeit bei den Hybridpflanzen wiederherstellt, d.h. sie produzieren Pollen und sind damit zur normalen Bestäubung fähig. Der Restorer entstammt dem Formenkreis Carsten, die Mutter dagegen dem Formenkreis Petkus, so daß die fertige, verkaufsfähige Hybride volle Heterosis zeigt.

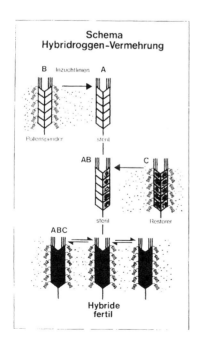

Abb. 44: Prinzip der Hybridroggen-Vermehrung. Fehlende Staubbeutel symbolisieren männliche Sterilität (weitere Erläuterungen s. Text)

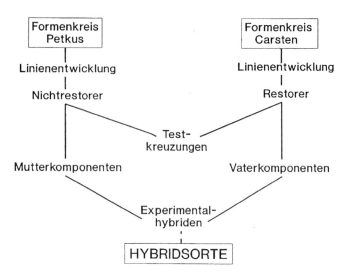

Abb. 45: Züchtungsschema für Hybridroggen (Erläuterungen siehe Text)

Abb. 46: Massenweise Selbstung von Einzelpflanzen unter Isoliertüten im Hohenheimer Hybridroggenzüchtungsprogramm

Nachdem in knapp 100jähriger Forschung alle diese Ingredienzen erkannt wurden, konnte der Cocktail der Hybridzüchtung auch bei Roggen gemixt werden.

Dies geschah ebenfalls in Hohenheim. H.H. Geiger, inzwischen zum Professor für Populationsgenetik berufen, baute hier ein Hybridzüchtungsprogramm (Abb. 45) auf, das zielgerichtet und konsequent die Möglichkeiten ausschöpfen sollte, die sich durch die neuen Entdeckungen beim Roggen ergaben. Dazu wurde in die beiden Populationen Petkus und Carsten Selbstfertilität eingelagert und eine Linienentwicklung eingeleitet. Tausende von Einzelpflanzen wurden jährlich unter Isoliertüten geselbstet (Abb. 46) und über mehrere Jahre auf ihre Eigenleistung geprüft. Dabei stehen zunächst Eigenschaften wie Wuchshöhe, Standfestigkeit, Tausendkorngewicht und Auswuchsfestigkeit im Vordergrund (Tab. 10). Gleichzeitig werden im Formenkreis Petkus alle Linien durch mehrfache Kreuzung in das CMS-verursachende Pampa-Cytoplasma eingelagert. So entstehen Linien, die die gleichen Erbinformationen im Kern besitzen, sich jedoch im Cytoplasma unterscheiden. Im Formenkreis Carsten, aus dem der Vater (=Pollenelter) entwickelt werden soll, ist diese Prozedur nicht notwendig; hier muß aber zusätzlich intensiv auf Restorerfähigkeit ausgelesen werden.

Nach der mehrjährigen Selektion der Inzuchtlinien beider Formenkreise auf hohe Eigenleistung werden sie in mehreren Stufen auf ihre Hybridleistung geprüft. Dazu dienen Testkreuzungen zwischen den besten Kandidaten, die im nachfolgenden Jahr an drei bis fünf verschiedenen Standorten im Bundesgebiet angebaut und auf die in Tabelle 10 aufgeführten Eigenschaften untersucht werden. Dabei ist es entscheidend, diejenigen Linien zu finden, die aufgrund hoher Heterosis zu maximaler Kreuzungsleistung führen. Die jeweils besten Linienkombinationen werden als Experimentalhybriden erneut geprüft. Und nur die Besten dieser Experimentalhybriden können als Sorte angemeldet werden, was eine amtliche Prüfung von weiteren drei Jahren nach sich zieht. Beim positiven Abschneiden dieser staatlichen "Wertprüfung" stehen sie dann dem Landwirt zum Anbau zur Verfügung. Insgesamt dauert das Verfahren der Hybridzüchtung rund 12 Jahre bis zur fertigen Sorte und, wie gesagt, weitere drei Jahre bis zur Zulassung dieser Sorte zum Handel.

Daß die zu erwartende Leistungssteigerung durch Hybridsorten tatsächlich eintritt, kann in Sortenversuchen nachgewiesen werden (Abb. 47). Die erste

Tab. 10: Zuchtziele bei Roggen

Ertragsfähigkeit - Hohe Erträge sind Voraussetzung für den lohnenden Anbau einer Sorte in der Landwirtschaft. **Ertragssicherheit** - Die Ertragsleistung einer Sorte kann nur voll ausgenutzt werden, wenn diese auch unter ungünstigen Umweltbedingungen noch einen annehmbaren Ertrag liefert. Zur Ertragssicherheit zählen: * Standfestigkeit * Trockentoleranz * Krankheits- und Schädlingsresistenz **Erntequalität** - Das Ernteprodukt muß bestimmten Qualitätsansprüchen genügen, um vom Müller und Bäcker optimal verarbeitet oder erfolgreich in der Tierernährung eingesetzt werden zu können: * Große Körner (= hohes Tausendkorngewicht) * Auswuchsfestigkeit * Mahlfähigkeit (z.B. hohe Mehlausbeute) * Backfähigkeit (z.B. hohe Wasseraufnahme, hohes Teigvolumen, elastische Krume) * Futterqualität (z.B. hochwertiges Eiweiß, niedrige Quellstoffgehalte)

amtliche Prüfung einer Hybridroggensorte in Deutschland begann 1982. In der Grafik sind jeweils die Erträge von drei Jahren gemittelt, um die Einflüsse der einzelnen Jahre weitgehend auszuschalten. Es zeigt sich über den ganzen Zeitraum von 13 Jahren eine Überlegenheit der Hybridsorten über die herkömmlichen Populationssorten um durchschnittlich 10 dt/ha, was bei den erzielten Erträgen einer Mehrleistung von 15% entspricht. Dafür lohnt es sich für den Landwirt, den höheren Saatgutpreis von Hybridsorten, der sich aus der aufwendigeren Saatgutproduktion ergibt, zu bezahlen.

Wenn man nun noch einmal Revue passieren läßt, was in den letzten 100 Jahren seit den ersten Zuchterfolgen von W. Rimpau mit der einfachen Massenauslese bis zur derzeitigen Hybridzüchtung bei Roggen erreicht wurde, zeigt sich erst die enorme Entwicklung der Pflanzenzüchtung in dieser Zeit.

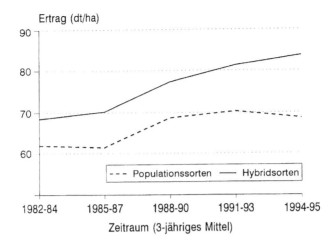

Abb. 47: Trend der Kornerträge von Populations- und Hybridsorten im Zeitraum von 1982 bis 1995. Die Ergebnisse stammen aus amtlichen Prüfungen und sind über 10 - 15 Orte je Jahr gemittelt.

Im Prinzip wurden die Zuchtverfahren immer aufwendiger, sie dauerten immer länger und kosteten immer mehr Geld. Damit stieg proportional aber auch ihre Effizienz und Leistungsfähigkeit. So dauerte bei Rimpau (1867) mit seiner Massenauslese ein Zuchtzyklus ein Jahr. Danach hatte er eine neue, wenn auch kaum merklich verbesserte, Population, die er als Sorte verkaufen konnte. Die Einführung der Familienauslese durch Ferdinand von Lochow (1885) verdoppelte die Zeit bis zur neuen Sorte, da die Nachkommenschaftsprüfung ein zusätzliches Jahr benötigte. Der nächste Fortschritt der Roggenzüchtung, die Restsaatgutmethode von W. Laube (1921), brachte mehr als eine Verdopplung der benötigten Zeitspanne. Er hatte erst nach sechs Jahren eine verbesserte Population und damit eine potentielle Sorte vorliegen. Die Hybridzüchtung brachte eine weitere Verdopplung auf rund 12 Jahre. Mit diesem steigenden Zeitaufwand wuchs aber in gleicher Weise auch die Intensität der Auslese und somit die Wahrscheinlichkeit, überlegene Genotypen zu finden. Und dies schlägt sich in einem höheren Zuchtfortschritt nieder. Deshalb lohnt der Aufwand!

Die Erträge sehr alter und neuer Sorten lassen sich allerdings nur schwer vergleichen, da sich auch die landwirtschaftlichen Methoden geändert haben. Aus langjährigen Ertragsmessungen kann man jedoch den jährlichen Ertragszuwachs der jeweils neuen Sorten berechnen. Dieser betrug für den Zeitraum 1891-1914 pro Jahr 0,09 dt/ha, wie aus den Zuchtakten der Fa. Lochow-Petkus GmbH berechnet wurde. Für den Zeitraum 1947-1978 betrug der jährliche Ertragsfortschritt durchschnittlich 0,4-0,5 dt/ha, wenn man die Erträge von Sortenversuchen zu Grunde legt. Berechnet man schließlich den jährlichen Ertragszuwachs aus den amtlichen Versuchsergebnissen ausschließlich für die Hybridsorten (1982-1995), so erreicht man einen Wert von 0,9 dt/ha. Da die beiden letzten Berechnungen auf Standardsorten bezogen sind, die jedes Jahr wieder mitgeprüft wurden, läßt sich der Einfluß pflanzenbaulicher und anderer agrotechnischer Maßnahmen auf den Ertrag weitgehend ausschalten. Aus diesen Zahlen kann man schließen, daß sich der Ertragsfortschritt von den Tagen des Ferdinand von Lochow bis 1978 verfünffachte und durch die Einführung des Hybridzüchtung nochmals verdoppelte.

Schlägt man nun den Bogen vom Beginn des Roggenanbaus in Mitteleuropa bis heute, so zeigt sich seit dem 19. Jahrhundert ein exponentielles Anwachsen der Roggenerträge (Abb. 47). Im Mittelalter dauerte es viele Generationen, bis durch einfache Auslese und verbesserte Anbaumethoden eine spürbare Ertragssteigerung erzielt wurde. Ende des 19. Jahrhunderts begann jedoch die Ertragskurve durch den gleichzeitigen Beginn der planmäßigen Roggenzüchtung durch Rimpau und v. Lochow sowie die Entfaltung des technischen Fortschritts in der Landwirtschaft steil anzusteigen. Dieser Anstieg ermöglichte ab Ende des letzten Jahrhunderts erstmals in Mitteleuropa eine Freiheit der Menschen von witterungsbedingten Hungersnöten, wie sie alle vorherigen Generationen nie kennengelernt hatten. Der Ertragsanstieg setzte sich bis heute durch die weitere Verbesserung ackerbaulicher Methoden, eine Intensivierung der Düngung, den gezielten Einsatz von Pflanzenschutzmitteln und die Weiterentwicklung der Zuchtmethoden stetig fort.

Roggen mit steigender Tendenz - Rückschau

Roggen war seit der Entstehung von Ackerbau und Viehzucht vor rund 10.000 Jahren ein stets unbeliebtes, aber immer lebensnotwendiges Getreide. Das begann bereits im Vorderen Orient, wo er als Ungras in Weizen und Gerste den ersten Ackerbauern denkbar unwillkommen war, da er bis zum Ährenschieben nur schwer vom Weizen zu unterscheiden ist. Und wer den feinen Weizen sät, will natürlich nicht den dunklen Roggen ernten. In höheren Lagen mit strengen Wintern oder Frühsommertrockenheit war das Ungras aber gleichzeitig eine Versicherung gegen den Hunger. Denn in diesen Grenzlagen erfror oder vertrocknete der anspruchsvolle Weizen in regelmäßigen Abständen. Dann war es der ungeliebt im Feld stehende Roggen, der durch seine Robustheit noch einige Zentner Korn ergab. Ähnlich erging es ihm einige Jahrhunderte später auch in Sibirien. Dort wollte man ebenfalls lieber Weizen anbauen, aber aus einsichtigen Gründen klappte es auch hier nicht jedes Jahr. Deshalb mischten die Bauern dort Roggen und Weizen zu gleichen Anteilen. Bei mildem Klima ernteten sie so den Weizen, bei rauhem immerhin noch den Roggen.

Die Geschichte des Roggenbaus beginnt im Osten. Die Slawen waren wohl das einzige Volk, das von Anfang an die Vorteile des Roggens zu schätzen wußte. Das war aber auch kein Wunder, denn in ihren Siedlungen zwischen Dnjepr und Weichsel, zwischen dem heutigen Kiew und Warschau, wuchs damals sowieso kaum ein anderes Getreide. Roggen brachte hier aufgrund seiner Winterhärte, Trockentoleranz und Anspruchslosigkeit aber noch akzeptable Erträge. Die Slawen hatten den Roggen wohl von durchreisenden Händlern übernommen, die aus dem Gebiet des Nordkaukasus oder den südrussischen Ebenen rund ums Kaspische Meer kamen. Damals wurde er dort in ungünstigen Lagen wohl schon als Kulturgetreide gehandelt, nachdem der früheste Reinanbau in Zentralanatolien bereits im 3. - 4. Jahrtausend v. Chr. nachgewiesen ist. Als die Slawen um 500 v. Chr. begannen, ihr Siedlungsgebiet nach Westen auszudehnen, machten sie die germanischen und keltischen, und diese die finnischen, Völker mit dieser Frucht bekannt. Sie übernahmen sowohl das Getreide als auch den Namen und bauten Roggen vom keltischen Frankreich bis ins germanische Schweden und finnische Karelien großflächig an. Die Angelsachsen schleppten ihn von ihrem Ursprungsgebiet im heutigen Schleswig-Holstein auf ihre neu eroberte Insel

England, so daß Roggen zur Römerzeit dann in großen Teilen West- und Mitteleuropas sowie in ganz Nord- und Osteuropa angebaut wurde.

Die Römer selbst kannten den Roggen nur vom Hörensagen. Um so schlechter dachten sie von ihm und überlieferten ihre Vorurteile über die Jahrtausende hinweg in der Naturgeschichte des Plinius. Sie hatten es schließlich auch nicht nötig, denn ihre Getreideanbaugebiete von Mittelitalien über Südfrankreich und Spanien bis ins Niltal waren bevorzugte Gebiete, wo der Weizen so prächtig wuchs, daß kein Bedarf nach winterhartem Roggen bestand. Da für die Römer sowieso alle Völker außerhalb ihres Imperiums Barbaren waren, konnte der von ihnen angebaute Roggen auch gar nicht anders als "nur zur Stillung des Hungers dienen". Aus diesen Quellen rührt denn auch das schlechte Image des Roggens. Schließlich wurden im Mittelalter fleißig die griechischen und römischen Autoren gelesen und kopiert.

Trotzdem war Roggen zusammen mit Hirse, einem anderen unbeliebten Getreide, die Nahrungsgrundlage des Mittelalters. Mehr als 95% der mitteleuropäischen Bevölkerung lebten damals direkt vom Roggenbrot. Nur die wenigen, die es sich leisten konnten, bevorzugten das aus Frankreich importierte Feingebäck aus hellem Weizenmehl. Der derbere Roggen mit seinem kräftigen, dunklen Mehl war gerade gut genug für das einfache Volk. Die Adligen entgingen damit freilich der Gefahr der Mutterkornvergiftung, was ihren Untertanen sicherlich nicht schmeckte. Diese Pilzerkrankung, die vor allem den Roggen befällt, sorgt dafür, daß in den infizierten Ähren statt der sättigenden Körner große schwarze Fruchtkörper wachsen, die beim Verzehr zudem noch giftig sind. Diese Ursache blieb jedoch bis ins 19. Jahrhundert hinein verborgen. Im Mittelalter nannten die Apotheker diese übergroßen, dunklen Gebilde "*Secale luxurians*", also übersetzt "besonders üppig wachsender Roggen". Dieses Mißverständnis führte damals regelmäßig zu verheerenden Epidemien, denen Tausende und Abertausende von Menschen zum Opfer fielen. Trotz allem blieb der Roggen auf dem gesamten europäischen Kontinent westlich des Rheins über 1200 Jahre hinweg das wichtigste Brotgetreide.

Und er gehörte folgerichtig auch zu den ersten Getreidearten, bei denen in Deutschland eine planmäßige Verbesserung durch Züchtung stattfand. Es war der Amtsrat W. Rimpau, der 1867 als erster auf die Idee kam, seine

Roggenernte nicht einfach in einen Sack zu stecken und einen Teil als Saatgut wieder zu verwenden, sondern die Pflanzen vorher sorgfältig nach bestimmten Kriterien auszusuchen und nur deren Erntegut im nächsten Jahr wiederanzubauen. So züchtete Rimpau die erste Roggensorte der Welt, die aus planmäßiger Auslese hervorging. Sein "Schlanstedter Roggen" fand zwar Verbreitung, war aber noch nicht der völlige Durchbruch.

Diesen schaffte erst Ferdinand von Lochow aus Petkus (Mark Brandenburg), dem heute die Lorbeeren gebühren, die Universalsorte schlechthin gezüchtet zu haben, die weltweit zum Inbegriff des Roggens wurde. So heißt noch heute in vielen Sprachen das Wort für Roggensorte einfach "Petkus". Ferdinand von Lochow übernahm 1879 das elterliche Rittergut und überlegte fieberhaft, wie er seine Erträge steigern könne. Bei abendlichen Spaziergängen, so will es die Legende, machte er dieselbe Erfahrung wie Rimpau, daß nämlich seine Roggenpflanzen keineswegs einander wie ein Ei dem anderen glichen, sondern erstaunlich verschieden waren. Er beschloß, diese Verschiedenheit auszunutzen und legte sich ein Bild zurecht, wie seine ideale Roggenpflanze aussehen sollte. Nur die Pflanzen, die seinem Ideal am nächsten kamen, wurden geerntet und wieder ausgesät. Dabei beobachtete er nicht nur, wie Rimpau, die Pflanzen, die gerade auf dem Feld standen, sondern bewertete im nächsten Jahr auch noch die Nachkommen der selektierten Eltern auf ihre Überlegenheit. So führte von Lochow die Sippenhaft in die Roggenzüchtung ein: Erst wenn er mit den Pflanzen über zwei Generationen hinweg zufrieden war, wurden sie zum Sortenaufbau verwendet. Nach diesem Muster züchtete von Lochow seine Sorte "F. v. Lochows Original Petkuser Winterroggen", die 1892 zum ersten Mal mit den schon bestehenden Sorten verglichen wurde und in ihrer Leistung alle damaligen Roggentypen weit übertraf.

Allerdings hatten sowohl Rimpau als auch von Lochow eine Kleinigkeit nicht berücksichtigt: Roggen ist Fremdbefruchter! Zwar suchten sie immer nach bestem Wissen und Gewissen die überlegenen Pflanzen aus, aber da diese zwangsläufig während der Blüte von fremdem Pollen mit unbekannten Eigenschaften bestäubt wurden, verdünnte sich die "Suppe" wieder. Das Beste der Mütter steckte also nicht unbedingt in den Nachkommen. Wie man aus dieser Zwickmühle herauskommen kann, fand Ferdinand von Lochows Nachfolger, der den guten Ruf des Petkuser Roggens würdig weiterführte.

W. Laube verbesserte 1921 mit einer neuen Zuchtmethode die Roggenzüchtung von Grund auf. Er kam auf die Idee, von den ausgelesenen Pflanzen das Saatgut nicht ganz wieder auszusäen, sondern einen Teil im Keller aufzubewahren ("Restsaatgut"). Von den nach der Prüfung besten Nachkommen wurde dieses Restsaatgut wieder hervorgeholt und erneut angebaut. Damit entstand ein Roggenbestand, der sich nur noch aus den jeweils besten Müttern und Vätern zusammensetzte und nicht nur aus den besten Müttern wie bei seinen Vorgängern. Damit verdoppelte sich der Ausleseerfolg beim Petkuser Roggen auf einen Schlag. Dieser Roggen war inzwischen so bekannt geworden, daß nach J. Becker-Dillingen 1927 "die überwiegende Mehrzahl aller derzeitigen deutschen Roggenzüchtungen nichts anderes wie der mehr oder minder modifizierte Petkuserstamm ist".

H. H. Geiger aus Stuttgart-Hohenheim revolutionierte die Roggenzüchtung in den 70er Jahren erneut, in dem er durch seine Forschungen eine Grundlage für die Hybridzüchtung bei Roggen legte und selbst zusammen mit seinen Mitarbeitern die ersten erfolgreichen Hybriden erstellte.
Die Hybridzüchtung beruht im Prinzip darauf, daß die jeweils besten Genotypen einer Population herausgesucht, durch Selbstung erhalten und identisch vermehrt werden. Solche Exemplare nennt der Fachmann dann Inzuchtlinien. Die besten Linien der beiden Populationen "Petkus" und "Carsten" werden miteinander gekreuzt und auf ihre Leistung geprüft. Die überlegenen Kreuzungsprodukte können die neue Hybridsorte darstellen, die nur noch aus den besten Genotypen der jeweiligen Formenkreise besteht, Hybridwüchsigkeit aufweist und damit ein weit überlegenes Ertragspotential besitzt. Solche Hybridsorten bringen heute rund 15% Mehrertrag gegenüber den herkömmlichen Sorten und weisen auch noch andere wertvolle Eigenschaften auf. Sie sind in der Regel kürzer, standfester und einige sind auch in der Backqualität überlegen. So schwingt sich der Roggen von seiner Stellung als Aschenputtel des deutschen Pflanzenbaus, die er seit dem Zweiten Weltkrieg inne hatte, vielleicht wieder zu einem neuen Höhenflug auf. Das von Geiger gefundene CMS-verursachende Pampa-Cytoplasma wird heute auch in Hybridzüchtungsprogrammen in Schweden, Polen und Rußland eingesetzt.

In den slawischen Ländern war der Roggen immer an der Spitze geblieben: 75% der Welternte werden hier produziert und verzehrt. Das restliche Viertel wächst vor allem in Deutschland. Hier waren 1938 noch 40% der gesamten Getreidefläche mit Roggen bestellt. Heute sind es nur noch die Hälfte.

Es gibt Anzeichen dafür, daß sich das jahrtausendealte schlechte Image des Roggens zu wandeln beginnt. Mit den neuen leistungsfähigen Sorten und dem zunehmenden Vordringen einer gesundheitsbewußten Ernährung ist das herkömmliche, ballaststoffarme Weizenbrot in Verruf geraten. Statt dessen wurde der Roggen von der "Bioszene" wiederentdeckt und seit die Vollwertkost nicht nur im medizinischen Diätplan und bei alternativen Freaks zu finden ist, sondern auch in der zeitgemäßen Küche ihren Platz hat, wird wieder mehr Roggen gegessen. Und inzwischen wird er in der Bäckerei als unverzichtbarer Bestandteil des "Bauernbrotes" sogar zu einem höheren Preis als Weizenbrot verkauft. So avancierte das ehemalige Brot der Armen im Zuge eines sich ändernden Lebensstil zum teureren "Gesundheitsbrot".

Und tatsächlich hat der Roggen einiges zu bieten. Der Vitamin- und Mineralstoffgehalt ist höher als im herkömmlichen Weißbrot, die Proteinzusammensetzung ist qualitativ höherwertig und schließlich schließt sich Roggenvollkorn nicht so leicht auf wie ausgemahlener Weizen und macht den Verdauungsorganen mehr Arbeit, eine sehr willkommene Eigenschaft bei unserer heutigen ballaststoffarmen Ernährung. Da Roggenteige einen höheren Wasserbedarf während des Backens haben als Weizenteige, trocknet das Roggenbrot auch nach der Fertigstellung langsamer wieder aus, bleibt also länger frisch.

Insgesamt bewirken diese Unterschiede des Roggenkorns gegenüber dem Weizen auch ein anderes Backverhalten: Roggenteige sind schwerer. Deshalb ist ein Verbacken mit Hefe weniger geeignet. Statt dessen empfiehlt der Fachmann eine Sauerteigführung. Die an diesem Prozeß beteiligten Bakterien besitzen ein anderes Gärverhalten als Hefepilze und treiben auch schwerere Teige noch in die Höhe, ohne daß zwischen Krumen und Laib die gefürchtete Lücke entsteht. So erhält das Roggenbrot einen "rustikaleren", kräftigeren Geschmack als das eher süßliche Weizenbrot, was wiederum die Gemüter bezüglich der Hochschätzung des Roggens teilt. Für manche schmeckt das Roggenbrot vielleicht sogar zu "gesund".

Anhang

Zeittafel: Geschichte von Roggenanbau und Roggenzüchtung

um 8000 v. Chr.	Frühester Ackerbau in Vorderasien
6600 v. Chr.	Erste Funde von Primitivroggen in Nordsyrien
6000 v. Chr.	Ackerbau in Vorderasien verbreitet
4500-3500 v.Chr.	Einführung des Ackerbaus nach Europa durch die bandkeramische Kultur
3000-2000 v. Chr.	Früheste Funde domestizierter Roggenkörner in der Türkei
2500 v.Chr.	Früheste europäische Funde von Roggen in Polen
1800 v. Chr.	Erster europäischer Reinanbau von Roggen durch die Slawen in Polen, Ungarn, der Tschechischen und Slowenischen Republik
600 v. Chr.	Erster Roggenanbau in Deutschland durch germanische Stämme in Mecklenburg, Pommern und Brandenburg
ab 400 n.Chr.	Funde mit hohen Roggenanteilen aus Süd- und Mitteldeutschland
ab 900 n.Chr.	Roggen ist im gesamten Europa östlich des Rheins und nördlich der Alpen die wichtigste Getreideart
um 1850	Erste gezielte Vermehrung und Saatgutreinigung durch die Probsteier Saatbaugenossenschaft ("Probsteier Roggen")
1867	W. Rimpau züchtet mit dem "Schlanstedter Roggen" die erste moderne Sorte
1891	Petkuser Winterroggen von Ferdinand v. Lochow erstmals erfolgreichste Sorte im Vergleichsanbau der Deutschen Landwirtschaftsgesellschaft (DLG)
1921	Einführung der Restsaatgutmethode durch W. Laube
1968	Entdeckung des CMS-induzierenden Cytoplasmas aus argentinischem Waldstaudenroggen durch H. H. Geiger; Beginn der Hybridroggenzüchtung
1984	Zulassung der weltweit ersten Hybridroggensorten in Deutschland ("Akkord", "Aktion", "Forte")

Entwicklung des Roggens im Jahresablauf

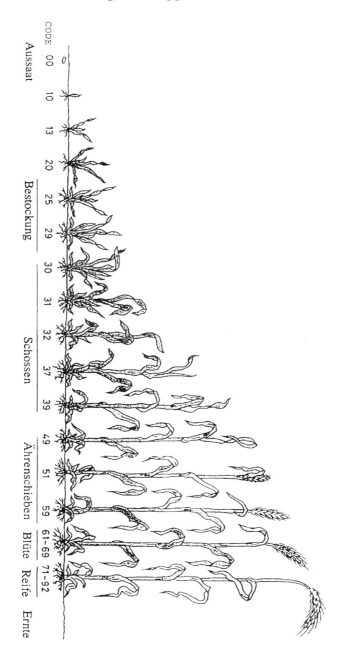

Erläuterung wichtiger Fachbegriffe

Allel: Gene, die auf gleichen (➤) Chromosomen denselben Genort einnehmen, aber Unterschiede im Erscheinungsbild der Pflanze verursachen können.

Auslese (Selektion): Gezieltes Heraussuchen von Pflanzen mit den gewünschten Eigenschaften durch den Züchter. Weitervermehrt werden nur die Pflanzen, die diese Eigenschaft in befriedigendem Ausmaß tragen.

Auswuchs: Vorzeitiges Auskeimen des Korns noch auf der Ähre. Auswuchs wird durch hohe Luftfeuchtigkeit unmittelbar vor der Ernte verursacht und führt zum Verlust der Backfähigkeit des Roggens.

Befruchtung: Vereinigung der weiblichen Eizelle mit dem männlichen Pollen.

Bestäubung: Belegung der weiblichen Narbe mit männlichem Pollen. Aufgrund verschiedener Ursachen, z.B. (➤) Selbstunverträglichkeit, muß es dabei nicht unbedingt zu einer Befruchtung kommen.

Bestockung: Seitentriebbildung. Die meisten Gräser sind in der Lage, aus einem einzelnen Korn mehrere ährentragende Triebe zu entwickeln.

Chromosomen: Träger der Erbanlagen, im Lichtmikroskop sichtbare Strukturen. Die Anzahl der Chromosomen ist abhängig von der jeweiligen Pflanzenart, Roggen besitzt sieben Chromosomen im (➤) haploiden Zustand.

diploid: zwei Chromosomensätze enthaltend, wobei der eine von der Mutter, der andere vom Vater stammt. Diploide Pflanzen, wie der Roggen, besitzen deshalb alle (➤) Chromosomen doppelt.

DNS (engl. DNA): Desoxyribonukleinsäure. Träger der genetischen Information in den (➤) Chromosomen. Komplex aufgebautes chemisches Molekül.

dominant ist ein Merkmal, das bereits in (➤) heterozygotem Zustand in Erscheinung tritt und das die Wirkung des (➤) rezessiven (➤) Allels überdeckt.

Fremdbefruchtung: Die (➤) Befruchtung kann nur durch Pollen einer genetisch unterschiedlichen Pflanze erfolgen. Die Übertragung des Pollens erfolgt beim Roggen durch Wind (Windbestäubung).

Gen: Materielle Einheit der Vererbung. Gene haben eine spezifische Wirkung auf die Eigenschaften des Organismus. Sie sind linear auf den (➤) Chromosomen angeordnet und bestehen aus (➤) DNS-Molekülen.

Genetik: Lehre von den Genen und ihrer Vererbung.

Genotyp: Gesamtheit der Gene eines Individuums.

haploid: nur einen einfachen Chromosomensatz enthaltend.

heterogen: uneinheitliches Erscheinungsbild, bezieht sich immer auf den (➤) Phänotyp, das äußere Erscheinungsbild.

Heterosis (Hybridwüchsigkeit): hohe Leistung des Kreuzungsproduktes (➤ Hybride) im Vergleich zur mittleren Leistung der Eltern.

heterozygot (mischerbig): ein bestimmter Genort auf gleichen (➤) Chromosomen ist durch verschiedene (➤) Allele besetzt.

homogen: einheitliches Erscheinungsbild, bezieht sich immer auf den (➤) Phänotyp.

homozygot (reinerbig): ein bestimmter Genort auf gleichen (➤) Chromosomen ist durch gleiche (➤) Allele besetzt.

Hybride: Kreuzungsprodukt, das aus der gezielten Kreuzung zweier Eltern hervorgeht. Unter bestimmten Voraussetzungen kommt es dabei zu (➤) Heterosis, die im Rahmen der Hybridzüchtung genutzt wird.

Inzucht: Paarung von Verwandten, etwa durch erzwungene Selbstung, bei Roggen z.b. durch das Überstülpen einer Tüte auf die Ähre vor dem Aufblühen. Bei (➤) selbstfertilen Pflanzen führt dies zu Kornansatz. Die daraus entstehenden Pflanzen sind ingezüchtet und zeigen (➤) Inzuchtdepression.

Inzuchtdepression: Defekte bei (➤) Fremdbefruchtern, die durch einmalige oder fortgesetzte (➤) Inzucht hervorgerufen werden. Bei Roggen gehört dazu z.b. verminderte Pflanzenhöhe, verringerte Korngröße, allgemein verringerte (➤) Vitalität.

mischerbig: siehe heterozygot

Monokultur: Anbau derselben Kulturart auf derselben Fläche über mehrere Jahre hinweg.

Mutation: Plötzliche Veränderung der (➤) DNS, die sich vom Zeitpunkt der Änderung an erblich fortpflanzt. Mutationen sind zufällig und nicht zielgerichtet. Ihre Ausprägung ist meist rezessiv und in der (➤) homozygoten Form häufig für das Individuum nachteilig.

Mutterkorn: Überdauerungsform des Mutterkorn-Pilzes (*Claviceps purpurea*). Sie wird nach der Pilzinfektion in der Roggenähre statt eines Korns gebildet. Häufiger Verzehr führt zu einer schwerwiegenden Krankheit (Ergotismus). Der Name "Mutterkorn" kommt von den wehenauslösenden Eigenschaften einiger Inhaltsstoffe, die heute noch in der Arzneimittelkunde genutzt werden.

perennierend (=ausdauernd): Pflanzen, die nach dem Schnitt oder der Ernte wieder erneut austreiben und weiterwachsen, wie z.B. viele Rasengräser. Üblicherweise ist Roggen einjährig (=annuell), die Pflanze stirbt nach der Ernte ab.

Phänotyp: das Erscheinungsbild eines Individuums als Ergebnis der Wirkung von (➤) Genotyp und Umwelt.

Population: Pflanzen einer Art, die sich am selben Ort befinden und miteinander fortpflanzen können (Fortpflanzungsgemeinschaft).

Rekombination: Neukombination von Erbanlagen, bei Pflanzen in der Regel durch eine sexuelle Vermehrung ausgelöst.

Restsaatgut: Saatgut, das nicht sofort wieder ausgesät wird, sondern als Reserve überlagert wird, um zu einem späteren Zeitpunkt weiter verwendet zu werden. Nach erfolgter Prüfung auf dem Feld können dann die besten Nachkommen aus dem Restsaatgut wiedererstellt werden.

reinerbig: siehe homozygot.

rezessiv ist ein Merkmal, das nur in (➤) homozygotem Zustand in Erscheinung tritt.

Schartigkeit bezeichnet die Tatsache, daß in einem Ährchen durch fehlende Befruchtung kein Korn ausgebildet wird, das Ährchen bleibt leer.

Selbstfertilität (Selbstkompatibilität): Gegensatz von (➤) Selbstunverträglichkeit.

Selbstunverträglichkeit (Selbstinkompatibilität): Pflanzen, die nicht durch eigenen oder genetisch gleichartigen Pollen befruchtet werden können. Gegensatz: Selbstfertilität.

Selektion: (➤) Auslese.

Spaltung: Auftrennung von Merkmalen in den Nachkommen einer Kreuzung. Eine Kreuzung zwischen Roggenformen mit hellgelbem und blaugrünem Korn führt in der ersten Nachkommengeneration zu Pflanzen mit homogen blaugrünem Korn, in der zweiten Nachkommengeneration zur Spaltung in Pflanzen mit hellgelbem und blaugrünem Korn.

Variation: Verschiedenartigkeit von Individuen im Hinblick auf bestimmte Merkmale. Genetische Variation ist die Grundlage für eine (➤) Auslese.

Vitalität: Lebenskraft; in der Pflanzenzüchtung im Sinne von Wüchsigkeit verwendet.

Deutschsprachige Literatur

Becker, H., 1993: Pflanzenzüchtung, E. Ulmer Verlag, Stuttgart.

Becker-Dillingen, J., 1927: Handbuch des Getreidebaues, Paul Parey Verlag, Berlin.

Behm, H.W., 1959: Korn wächst für alle. Safari-Verlag, Berlin.

Bundesverband Deutscher Pflanzenzüchter, 1987: Landwirtschaftliche Pflanzenzüchtung in Deutschland - Geschichte, Gegenwart und Ausblick. Verlag Th. Mann, Gelsenkirchen-Buer.

Döbler, H., 1971: Jäger - Hirten - Bauern, Bertelsmann Verlag, Gütersloh.

Fruwirth, C., Roemer, T., Tschermak, E., 1923: Roggen. S. 200 - 247. In: C. Fruwirth: Handbuch der landwirtschaftlichen Pflanzenzüchtung, Band IV: Die Züchtung der vier Hauptgetreidearten und der Zuckerrübe. Paul Parey-Verlag, Berlin.

Geiger, H.H., 1988: Züchtung. S. 25 - 43. In: Seibel, W., Steller W. (Hrsg.), Roggen, Behr's Verlag.

Haug, G., Cramer, H.-H. 1990: Einleitung. S. 1 - 14. In: Haug, G., Schuhmann, G., Fischbeck, G. (Hrsg.), Pflanzenproduktion im Wandel, VCH Verlag, Weinheim.

Heß, D., 1991: Die Blüte, 2. Aufl., Verlag Eugen Ulmer, Stuttgart.

Hillmann, P., 1910: Die deutsche landwirtschaftliche Pflanzenzucht. DLG-Verlag, Berlin.

Klein, E., 1969: Geschichte der deutschen Landwirtschaft. Ulmer Verlag, Stuttgart.

Körber-Grohne, U., 1987: Nutzpflanzen in Deutschland. K. Theiss Verlag, Stuttgart.

Laube, W., Quadt, F., 1959: Roggen. S. 35 - 102. In: Roemer, T., Rudorf, W., Handbuch der Pflanzenzüchtung, Band II: Kappert, H., Rudorf, W., Züchtung der Getreidearten, Paul Parey Verlag, Berlin, Hamburg.

Mühle, E., Breuel, K., 1977: Das Mutterkorn - Ein Gräserparasit als Gift- und Heilpflanze. A. Ziemsen Verlag, Wittenberg.

Peters, C., 1986: Ferdinand von Lochow - Ein bedeutender Pflanzenzüchter und Landwirt. Dissertation Berlin.

Quellennachweis der Abbildungen

Alle nicht aufgeführten Abbildungen, einschließlich der Fotos, stammen vom Autor.

Abb. 1:	Kranz, A.R., 1973: Wildarten und Primitivformen des Roggens (*Secale* L.). Paul Parey Verlag, Berlin, Hamburg.
Abb. 2:	Schiemann, E., 1948: Weizen, Roggen, Gerste. Systematik, Geschichte und Verwendung, G. Fischer Verlag, Jena.
Abb. 3:	Hammer, K., Skolimowska, E., Knüpfer, H, 1987: Vorarbeiten zur monographischen Darstellung von Wildpflanzensortimenten: *Secale* L. Kulturpflanze 35, 135-177.
Abb. 4, 8, 12, 34:	W. Plarre, 1985: Roggen. S. 137 - 151. In: Hofmann W., Mudra A., Plarre, W. (Hrsg.): Lehrbuch der Züchtung landwirtschaftlicher Kulturpflanzen, Band 2, 2. Auflage, Paul Parey Verlag, Berlin.
Abb. 5:	Simon, K.H., 1980: Nutzpflanzenzüchtung. Diesterweg, Salle, Sauerländer, Frankfurt/M.
Abb. 9, 16A, 32:	Laube, W., Quadt, F., 1959: Roggen, S. 35 - 102. In: Roemer, T., Rudorf, W. (Hrsg.), Handbuch der Pflanzenzüchtung, Band II: Kappert, H., Rudorf, W., Züchtung der Getreidearten, Paul Parey Verlag, Berlin, Hamburg
Abb. 10:	Führungsblatt 1135, Die Bandkeramiker, Abb.: H. Fleck, Staatliche Museen, Preußischer Kulturbesitz Berlin.
Abb. 11:	Führungsblatt 1193, Zur Geschichte slawischer Stämme, Abb.: I. Strüben. Staatliche Museen, Preußischer Kulturbesitz Berlin.
Abb. 14:	K.-R. Schultz-Klinken, 1982: Das Deutsche Landwirtschaftsmuseum, S. 281 - 318. In: Winkel, H. (Hrsg.), Geschichte und Naturwissenschaft in Hohenheim, Jan Thorbecke Verlag, Sigmaringen.
Abb. 15C:	Ausschnittsvergrößerung: Matthias Grünewald, Altar von Isenheim, Die Versuchung des hl. Antonius. Musée d'Unterlinden Colmar, Foto: O. Zimmermann.
Abb. 16B:	Becker-Dillingen, J., 1927: Handbuch des Getreidebaues, Paul Parey Verlag, Berlin.

Abb. 17:	Fruwirth, C., Roemer, T., Tschermak, E., 1923: Roggen, S. 200 - 247. In: C. Fruwirth: Handbuch der landwirtschaftlichen Pflanzenzüchtung, Band IV: Die Züchtung der vier Hauptgetreidearten und der Zuckerrübe. Paul Parey Verlag, Berlin.
Abb. 18:	Behm, H.W., 1959: Korn wächst für alle. Safari-Verlag, Berlin.
Abb. 19:	Heß, D., 1991: Die Blüte, 2. Auflage, Verlag Eugen Ulmer, Stuttgart.
Abb. 21:	stark verändert nach Strasburger, 1978, Lehrbuch der Botanik, 31. Auflage, G. Fischer Verlag, Stuttgart.
Abb. 26:	Hillmann, P., 1910: Die deutsche landwirtschaftliche Pflanzenzucht. DLG-Verlag, Berlin.
Abb. 30:	Eigener Entwurf nach Angaben von Peters, C., 1986: Ferdinand von Lochow - Ein bedeutender Pflanzenzüchter und Landwirt. Dissertation Berlin.
Abb. 35:	Ruckenbauer, P. und Becker, H., 1988: Vorlesungsskript "Allgemeine Pflanzenzüchtung", Institut für Pflanzenzüchtung, Saatgutforschung und Populationsgenetik der Universität Hohenheim
Abb. 36:	Daten aus Brim, C., 1987: Plant breeding and biotechnology in the United States of America: Changing needs for protection of plant varieties. Presentation at the Symposium on the Protection of Biotechnological Inventions at Cornell University, Department of Economics, Ithaca, N.Y., USA, June 04 - 05, 1987.
Abb. 37B:	Foto von H. H. Geiger, Stuttgart.
Abb. 40, 44:	Werbeprospekt Hybridroggen der Fa. Lochow-Petkus GmbH, Postfach, 29303 Bergen.
Abb. 45:	Geiger, H. H., 1988: Züchtung, In: Seibel, W., Stellcr, W., Roggen, Behr's Verlag.
Abb. 47:	Daten aus den Amtlichen Wertprüfungen des Bundessortenamtes, Hannover, vom Autor zusammengestellt. Angegeben ist für jedes Jahr die Leistung der jeweils besten Populations- bzw. Hybridsorte, gemittelt über Drei-Jahres-Intervalle.
Abb. 48:	Daten aus verschiedenen Quellen vom Autor zusammengestellt.